लचीलापन उजागर: घरेलू हिंसा के खिलाफ महिलाओं की जीवित रहने की कहानियां

द्वारा

अमांडा डैनियल

विषयसूची

कॉपीराइट © 2024 अमांडा डैनियल द्वारा – अमांडा डैनियल प्रकाशन

यह प्रकाशन कवर की गई विषय-वस्तु के संबंध में सटीक और आधिकारिक जानकारी प्रदान करने के लिए बनाया गया है। यह इस समझ के साथ बेचा जाता है कि न तो लेखक और न ही प्रकाशक कानूनी, निवेश, लेखा या अन्य पेशेवर सेवाएं प्रदान करने में लगे हुए हैं। हालाँकि प्रकाशक और लेखक ने इस पुस्तक को तैयार करने में अपने सर्वोत्तम प्रयासों का उपयोग किया है, लेकिन वे इस पुस्तक की सामग्री की सटीकता या पूर्णता के संबंध में कोई प्रतिनिधित्व या वारंटी नहीं देते हैं और विशेष रूप से किसी विशेष उद्देश्य के लिए व्यापारिकता या उपयुक्तता की किसी भी निहित वारंटी को अस्वीकार करते हैं। बिक्री प्रतिनिधियों या लिखित बिक्री सामग्री द्वारा कोई वारंटी नहीं बनाई या बढ़ाई जा सकती है। यहाँ निहित सलाह और रणनीतियाँ आपकी

स्थिति के लिए उपयुक्त नहीं हो सकती हैं। उचित होने पर आपको किसी पेशेवर से सलाह लेनी चाहिए। न तो प्रकाशक और न ही लेखक किसी भी लाभ की हानि या किसी अन्य व्यावसायिक क्षति के लिए उत्तरदायी होंगे, जिसमें विशेष, आकस्मिक, परिणामी, व्यक्तिगत या अन्य क्षतियाँ शामिल हैं, लेकिन इन्हीं तक सीमित नहीं हैं।

पुस्तक के बारे में – लचीलापन प्रकट : घरेलू हिंसा के खिलाफ महिलाओं की जीवन रक्षा की कहानियाँ

चुप्पी तोड़ना: उपचार की यात्रा

यह सशक्त बनाने वाली स्वयं सहायता पुस्तक घरेलू हिंसा से बचे लोगों के लिए एक दयालु मार्गदर्शिका है, जो उपचार और स्वतंत्रता के मार्ग पर ध्यान केंद्रित करती है। यह पाठकों को अपनी चुप्पी तोड़ने, अपनी आवाज़ खोजने और साहस की अपनी कहानियाँ साझा करने के लिए प्रोत्साहित करके शुरू होती है। घरेलू हिंसा की जटिलताओं को समझने, इसके संकेतों और मनोवैज्ञानिक प्रभावों को पहचानने के माध्यम से, बचे लोग दुर्व्यवहार के चक्र और इससे मुक्त होने के तरीके के बारे में सीखते हैं। पुस्तक मदद और समर्थन, सुरक्षा योजनाएँ बनाने और अपमानजनक रिश्ते को छोड़ने की रसद के महत्व पर जोर देती है। यह जीवन के पुनर्निर्माण, आत्म-खोज को अपनाने और स्वस्थ मुकाबला तंत्र विकसित करने की रणनीतियाँ प्रदान करता है। इसके अतिरिक्त, यह शिक्षा, पेशेवर मदद और नए रिश्ते बनाने पर प्रकाश डालता है। वकालत, मील के पत्थर का जश्न मनाने और दुर्व्यवहार के बाद की चुनौतियों से निपटने पर ध्यान केंद्रित करने के साथ, यह मार्गदर्शिका अंततः आशा और लचीलापन को

प्रेरित करती है, पाठकों को सकारात्मक मानसिकता के साथ आगे बढ़ने और अपनी सशक्त यात्राएँ साझा करने के लिए प्रोत्साहित करती है।

अमांडा डैनियल

लेखक के बारे में – अमांडा डैनियल

लेखक के बारे में

अमांडा महिलाओं और बच्चों के लिए एक भावुक वकील हैं, एक समर्पित पत्नी हैं, जिनकी कानूनी पृष्ठभूमि है और एक सशक्त लेखिका हैं जिन्होंने महिलाओं और बच्चों को घरेलू और यौन शोषण के आघात से उबरने में मदद करने के लिए अपना जीवन समर्पित कर दिया है। अपने स्वयं के अनुभवों और अपने करीबी लोगों से प्रेरणा लेते हुए , अमांडा ने इन मुद्दों से प्रभावित लोगों के लिए जागरूकता बढ़ाने और सहायता प्रदान करने के उद्देश्य से तीन प्रभावशाली पुस्तकें लिखी हैं। पीड़ित होने से लेकर विजेता बनने तक का उनका सफर उनके पाठकों को अपनी ताकत और लचीलापन खोजने के लिए प्रेरित करता है।

उसकी किताबें

- **लचीलापन उजागर: घरेलू हिंसा के खिलाफ महिलाओं की जीवित रहने की कहानियां** - यह पुस्तक घरेलू हिंसा से बची महिलाओं की शक्तिशाली कहानियों को संकलित करती है, जो

उनके साहस और उनके जीवन को पुनः प्राप्त करने के लिए उनके द्वारा की गई यात्राओं को दर्शाती है।

- **पीड़ित से विजेता तक: यौन दुर्व्यवहार के विरुद्ध महिलाओं की सुरक्षा हेतु एक पुस्तिका** - महिलाओं के लिए सशक्तीकरण रणनीतियों और अंतर्दृष्टि से भरी एक व्यावहारिक मार्गदर्शिका, कि वे यौन दुर्व्यवहार के विरुद्ध स्वयं की रक्षा कैसे करें तथा अपनी शक्ति को पुनः प्राप्त करें।
- **मासूमियत की सुरक्षा: शिकारियों से बच्चों की सुरक्षा के लिए एक मार्गदर्शिका** - इस आवश्यक मार्गदर्शिका का उद्देश्य माता-पिता, देखभाल करने वालों और बच्चों को शिकारियों से संभावित खतरों की पहचान करने, उन्हें रोकने और उनका जवाब देने के बारे में शिक्षित करना है।

अमांडा का मिशन

अपने लेखन के माध्यम से अमांडा का लक्ष्य है:

- दुर्व्यवहार से बचे लोगों की कहानियां साझा करके तथा उनके लचीलेपन को बढ़ावा देकर उन्हें सशक्त बनाएं।

- महिलाओं और बच्चों को स्वयं की सुरक्षा के लिए व्यावहारिक संसाधन और जानकारी उपलब्ध कराना।
- घरेलू और यौन दुर्व्यवहार की वास्तविकताओं के बारे में जागरूकता बढ़ाना ताकि जनता को सूचित और शिक्षित करने में मदद मिल सके।

अमांडा से जुड़ें

अमांडा और उनके कार्यों के बारे में अधिक जानकारी के लिए, या उनके साथ बोलने और कार्यशालाओं के लिए जुड़ने के लिए, कृपया लिंक के माध्यम से अमांडा डैनियल के फेसबुक निजी समूह पृष्ठ पर जाएं - https://web.facebook.com/groups/ama n d adaniel

अध्याय 1 - चुप्पी तोड़ना

उपचार की ओर पहला कदम

यह अहसास चौंकाने वाला और मुक्तिदायक दोनों हो सकता है। इतने लंबे समय तक, मैंने खुद को भावनात्मक उथल-पुथल के चक्र में फंसा पाया, खुद को यह समझाते हुए कि अगर मैं और ज़्यादा कोशिश करूँ या अपने साथी को बेहतर समझूँ तो सब कुछ ठीक हो जाएगा। सच्चाई का सामना करने के लिए बहुत ताकत की ज़रूरत थी: रिश्ता सिर्फ़ चुनौतीपूर्ण ही नहीं था; यह नुकसानदेह भी था। खुद को यह स्वीकार करने देना कि मैं इससे बेहतर का हकदार हूँ, बहादुरी का काम था। इसने मेरी यात्रा की शुरुआत की, जिसने मुझे डर और दर्द से मुक्त जीवन की कल्पना करने की शक्ति दी। पहला कदम अक्सर सबसे कठिन होता है, लेकिन यह सबसे महत्वपूर्ण भी होता है। यह स्वीकारोक्ति सिर्फ़ उपचार का द्वार नहीं खोलती; यह इसे पूरी तरह से खोल देती है, उस जगह में आशा को आमंत्रित करती है जो बहुत लंबे समय से दबा हुआ महसूस हो रहा था।

कुछ दिन संदेह और दर्द से भरे होंगे, और कुछ दिन उम्मीद और स्पष्टता से भरे होंगे। मैंने सीखा कि

असफलताएँ असफलताएँ नहीं हैं; वे बस प्रक्रिया का हिस्सा हैं। कभी-कभी, मैं अपनी भावनाओं से अभिभूत महसूस करता था, और उन समयों पर, मैंने खुद को याद दिलाया कि खोया हुआ महसूस करना सामान्य है। मेरे द्वारा उठाया गया प्रत्येक छोटा कदम, भले ही ऐसा लगे कि मैं एक कदम आगे और दो कदम पीछे जा रहा हूँ, फिर भी प्रगति थी। मुझे यह जानकर सुकून मिला कि उपचार रैखिक नहीं है, और संघर्ष का प्रत्येक क्षण एक मूल्यवान सबक दे सकता है। इस यात्रा को उसके सभी उतार-चढ़ावों के साथ अपनाने से मुझे लचीलापन सीखने को मिला। मैंने छोटी-छोटी जीतों को संजोना शुरू कर दिया - अराजकता के बीच उभरे खुशी के वे पल। जैसे-जैसे मैं अपनी स्थिति की जटिलताओं से गुज़रा, मैंने अपने भीतर एक गहरी ताकत की खोज की, जिसके बारे में मुझे पहले पता नहीं था।

हर दिन आपके लिए उस जीवन के करीब जाने का एक नया अवसर प्रस्तुत करता है जिसके आप हकदार हैं। अपने साथ सौम्य रहना याद रखें और पहचानें कि आपकी हर भावना वैध है। अपने विचारों और भावनाओं को संसाधित करने के लिए अपने लिए एक सुरक्षित स्थान बनाएँ। अपने आप को ऐसे सहायक लोगों के साथ

घेरें जो आपको ऊपर उठाते हैं, और यदि आपको इसकी आवश्यकता हो तो पेशेवर मदद लेने में संकोच न करें। जर्नलिंग मेरे लिए भी एक शक्तिशाली उपकरण रहा है; यह मेरे विचारों को स्पष्ट करने और मेरी भावनाओं को व्यक्त करने में मदद करता है। सबसे बढ़कर, अपने ठीक होने की क्षमता पर भरोसा करें और जानें कि आप प्यार, सम्मान और खुशी के योग्य हैं।

अपनी आवाज़ ढूँढना

यह खुद को किसी और की कहानी में सिर्फ़ एक पृष्ठभूमि से ज़्यादा के रूप में देखने के बारे में है। हम में से हर किसी ने ऐसे अनुभवों से भरा एक अनूठा जीवन जिया है जो बहुत मूल्यवान हैं, तब भी जब हम इसे हमेशा नहीं देख पाते। ऐसे पल होते हैं जिन्होंने हमें आकार दिया, ऐसे विचार जिन्होंने हमें चुनौती दी और ऐसी भावनाएँ जिन्होंने हमें कार्रवाई के लिए प्रेरित किया। अक्सर, हम इन सच्चाइयों को कम आंकते हैं, यह सोचकर कि वे साधारण या महत्वहीन हैं। लेकिन वास्तविकता यह है कि आपके अनुभव न केवल आपके लिए बल्कि उन लोगों के लिए भी महत्वपूर्ण हैं जो समान यात्रा में खोए हुए महसूस कर सकते हैं। जब आप अपनी कहानी का सम्मान करना शुरू करते हैं, तो आप अपनी

पहचान के एक शक्तिशाली पहलू को खोलते हैं, इसे वह सम्मान देते हैं जिसका यह हकदार है। आपकी आवाज़ कनेक्शन, सहानुभूति और ताकत का एक साधन है, जो साझा संघर्षों से दूसरों को प्रेरित करने की क्षमता रखती है। इसलिए, अपने अंदर छिपी कहानियों को उजागर करें और जानें कि वे आपके व्यक्तित्व के ताने-बाने में बुनी हुई हैं। उन्हें अपनाना अपनी आवाज़ खोजने की दिशा में पहला कदम है।

लेखन हमें अपने विचारों का पता लगाने, अपनी भावनाओं को समझने और अपनी सच्चाई को दुनिया के सामने रखने के लिए एक सुरक्षित स्थान देता है। जर्नलिंग करके, आप अपने भीतर के स्व से एक सीधा संबंध बनाते हैं, जिससे आपकी आवाज़ बिना किसी निर्णय के डर के पन्ने पर उतर आती है। यह अभ्यास एक शरण प्रदान करता है जहाँ आप अपने सपनों, भय और कुंठाओं को स्वतंत्र रूप से व्यक्त कर सकते हैं। आपके द्वारा लिखा गया प्रत्येक शब्द आपकी व्यक्तिगत यात्रा की प्रतिध्वनि है; यह एक अनुस्मारक है कि आप यहाँ हैं, आप मौजूद हैं, और आप मायने रखते हैं। इसके अलावा, रचनात्मक अभिव्यक्ति के अन्य रूपों जैसे कि पेंटिंग, संगीत या नृत्य को आजमाने से भी यह प्रक्रिया आसान

हो सकती है। इनमें से प्रत्येक माध्यम आपकी आत्मा के उन हिस्सों को पकड़ सकता है, जिन्हें कभी-कभी शब्द नहीं पकड़ पाते। वे उन भावनाओं के लिए एक आउटलेट हो सकते हैं जिन्हें स्पष्ट करना बहुत भारी लगता है, जिससे आप अपनी कहानी को उस तरीके से संप्रेषित कर सकते हैं जो आपको प्रामाणिक लगे। इन रास्तों को तलाशने में संकोच न करें; इनके माध्यम से, आप अपनी आवाज़ की उन परतों को खोज सकते हैं जिनके अस्तित्व के बारे में आपको कभी पता नहीं था।

आपकी कहानी सिर्फ़ आपके लिए नहीं है; इसमें दूसरों को भी प्रभावित करने की क्षमता है जो शायद वैसा ही महसूस करते हों। याद रखें कि अपनी आवाज़ ढूँढ़ना एक सफ़र है, मंज़िल नहीं। इस प्रक्रिया को अपनाएँ और खुद को विकसित होने दें। हर दिन कुछ मिनट बिना किसी बाधा के लिखने के लिए निकालें, अपनी भावनाओं और विचारों को पेज पर आने दें। इस प्रक्रिया में आप अपने बारे में जो कुछ भी खोजते हैं, उससे आप हैरान हो सकते हैं। हर रहस्योद्घाटन का जश्न मनाएँ, चाहे वह बड़ा हो या छोटा, क्योंकि हर स्वीकृति आपको उस व्यक्ति के करीब ले जाती है जो आप बनना चाहते हैं।

साहस की कहानियाँ: महिलाएँ बोलती हैं

जब भी मैं किसी दूसरी महिला की कहानी सुनती हूँ, तो मुझे लगता है कि एक धागा हमें जोड़ रहा है। उसके संघर्ष मेरी अपनी चिंताओं और आशंकाओं को प्रतिध्वनित करते हैं, जो हमारे साझा अनुभवों से बुनी गई लचीलेपन की एक ताने-बाने की रचना करते हैं। चाहे वह करियर और परिवार के बीच संतुलन बनाने की चुनौती हो, सामाजिक अपेक्षाओं से जूझना हो, या अन्याय के खिलाफ खड़ा होना हो, प्रत्येक कहानी मुझे याद दिलाती है कि मैं अपनी यात्रा में अकेली नहीं हूँ। यह सामूहिक आवाज़ समर्थन के एक शक्तिशाली नेटवर्क को बढ़ावा देती है, जहाँ कमज़ोरियाँ ताकत बन जाती हैं, और चुनौतियाँ सबक में बदल जाती हैं। यह हमें अपनी कहानियाँ साझा करने के लिए प्रोत्साहित करता है, यह जानते हुए कि जब हम बोलते हैं, तो हम न केवल खुद को ठीक करते हैं बल्कि दूसरों को भी ऐसा करने के लिए प्रेरित करते हैं।

प्रत्येक कहानी आशा की किरण के रूप में कार्य करती है, जो अंधकार से रास्ता रोशन करती है। जब मैं उन महिलाओं द्वारा दिखाए गए साहस के बारे में सुनती हूँ जिन्होंने इसी तरह के परीक्षणों का सामना किया है, तो यह मुझे दृढ़ संकल्प से भर देता है। यह दर्शाता है कि

प्रतिकूलता पर काबू पाना संभव है और कठिन क्षणों से परे प्रकाश है। हम जो कहानियाँ साझा करते हैं, वे न केवल हमें ऊपर उठाने के लिए बल्कि हमारे समुदायों में बदलाव की लहरें पैदा करने के लिए भी काम आती हैं। वे हमें याद दिलाते हैं कि हमारी आवाज़ में वजन और शक्ति है, जो पहाड़ों को हिलाने में सक्षम है। हर बार जब हम बोलते हैं, तो हम एक सामूहिक कहानी में योगदान देते हैं जो एक और महिला को अपनी आवाज़ खोजने और ऊँचा उठने के लिए प्रेरित करती है।

इस अंतर्संबंध को समझना सशक्तिकरण की ओर ले जाता है। यह पहचान कर कि हमारे अनुभव, चाहे दर्दनाक हों या उत्थानकारी, एक बड़े संवाद में योगदान करते हैं, हम कहानीकार के रूप में अपनी भूमिका को अपना सकते हैं। हर बार जब हम साझा करते हैं, तो हम दूसरों को उनकी अपनी सच्चाई में कदम रखने की अनुमति देते हैं। यदि आप खुद को संघर्ष करते हुए पाते हैं, तो अन्य महिलाओं की कहानियाँ सुनें। उनकी जीत और कष्टों को सुनें, और उनकी जीत को अपनी यात्रा को बढ़ावा देने दें। याद रखें, आपकी कहानी, उनकी तरह ही, किसी और में साहस जगाने की क्षमता रखती है।

अध्याय 2 - घरेलू हिंसा को समझना

घरेलू हिंसा क्या है?

बहुत से लोग घरेलू हिंसा को सिर्फ़ शारीरिक आक्रामकता से जोड़कर देखते हैं, लेकिन यह नज़रिया अंतरंग संबंधों में मौजूद दुर्व्यवहार के व्यापक दायरे को नज़रअंदाज़ करता है। भावनात्मक दुर्व्यवहार हेरफेर, नियंत्रण या अपमान के ज़रिए प्रकट हो सकता है, जो अक्सर समय के साथ व्यक्ति के आत्म-सम्मान की भावना को कम कर देता है। वित्तीय दुर्व्यवहार एक और कपटी रूप है, जहाँ एक साथी पैसे तक पहुँच को प्रतिबंधित कर सकता है, जिससे पीड़ित को स्वतंत्रता प्राप्त करने से रोका जा सकता है। यह पहचानना कि दुर्व्यवहार के ये रूप मौजूद हैं, महत्वपूर्ण है; यह महिलाओं को अपनी स्थितियों को और अधिक स्पष्ट रूप से पहचानने में सक्षम बनाता है। हो सकता है कि आपको चोट के निशान न दिखें, लेकिन भावनात्मक और वित्तीय दुर्व्यवहार के निशान बहुत गहरे तक चोट पहुँचा सकते हैं।

यह अहसास आपके जीवन को पुनः प्राप्त करने और सीमाएँ निर्धारित करने के लिए महत्वपूर्ण है। दुर्व्यवहार

करने वाले अक्सर ऐसी तरकीबें अपनाते हैं जो शक्ति असंतुलन पैदा करती हैं, अपने साथी पर हावी होने के लिए डर, अपराधबोध या अलगाव का इस्तेमाल करते हैं। इन गतिशीलता को समझने से खेल में हेरफेर करने वाले व्यवहारों के बारे में जानकारी मिल सकती है, जो आपको अपने स्वयं के सशक्तिकरण की ओर ले जाती है। ज्ञान शक्ति है, और नियंत्रण के इन रूपों के बारे में सीखकर, आप अपने मूल्य को अधिक स्पष्ट रूप से देख सकते हैं और समझ सकते हैं कि आप सम्मान और दया के पात्र हैं। याद रखें, यह स्वीकार करना कि आप किसी भी प्रकार के दुर्व्यवहार का अनुभव कर रहे हैं, चाहे वह कितना भी सूक्ष्म क्यों न हो, उपचार और स्वतंत्रता की ओर पहला साहसी कदम है।

अपनी प्रवृत्ति पर भरोसा करना और स्वस्थ रिश्तों की अपनी समझ में दृढ़ रहना महत्वपूर्ण है। अगर कुछ गलत लगता है, तो शायद ऐसा ही है। इन विभिन्न प्रकार के दुर्व्यवहारों के बारे में खुद को शिक्षित करने से न केवल आपको अपने जीवन में उन्हें पहचानने में मदद मिलेगी, बल्कि आप उन लोगों का समर्थन करने में भी सक्षम हो सकते हैं जो चुपचाप पीड़ित हो सकते हैं। मदद के लिए आगे बढ़ें और ऐसे सहायक मित्रों, संसाधनों और पेशेवरों

पर भरोसा करें जो आपकी ताकत को पुनः प्राप्त करने की इस यात्रा में आपका मार्गदर्शन कर सकते हैं। आपका जीवन और खुशी आपके विचार से कहीं ज़्यादा मायने रखती है; याद रखें कि आपको किसी भी तरह के दुर्व्यवहार से मुक्त रहने का अधिकार है।

संकेतों को पहचानना

हेरफेर और नियंत्रण के सूक्ष्म संकेतों की पहचान करना प्याज़ की परतों को छीलने जैसा लग सकता है। सबसे पहले, आप शायद यह भी न पहचान पाएं कि कुछ गड़बड़ है। यह किसी ऐसी टिप्पणी से शुरू हो सकता है जो आपको अपनी भावनाओं या विकल्पों पर पुनर्विचार करने पर मजबूर कर दे। आप पा सकते हैं कि आपकी ज़रूरतें किसी और की इच्छाओं के आगे पीछे हो जाती हैं। शायद आपने देखा हो कि वे अक्सर दोष आप पर मढ़ देते हैं, जिससे आप उन चीज़ों के लिए दोषी महसूस करते हैं जो आपकी ज़िम्मेदारी नहीं हैं। अपनी प्रवृत्ति पर भरोसा करें; अगर कुछ ठीक नहीं लगता है, तो ध्यान देना ज़रूरी है। उनके व्यवहार में पैटर्न देखें—क्या यह व्यक्ति नियमित रूप से आपको अपने निर्णय पर सवाल उठाने पर मजबूर करता है या किसी स्थिति की वास्तविकता को विकृत करता है? ये सिर्फ़ हानिरहित अजीबोगरीब

हरकतें नहीं हैं; ये लाल झंडे हैं जो हेरफेर का संकेत देते हैं।

ज्ञान एक शक्तिशाली उपकरण है, और जब आप इन संकेतों को पहचान सकते हैं, तो आपको कार्रवाई करने की ताकत मिलती है। इन स्थितियों में अकेला या अनिश्चित महसूस करना सामान्य है, लेकिन यह समझना कि आप कल्पना नहीं कर रहे हैं, मुक्तिदायक हो सकता है। दोस्तों या पेशेवर संसाधनों से सहायता लें जो आपको इन भावनाओं को दूर करने में मदद कर सकते हैं। आप स्पष्टता और सशक्तीकरण की ओर एक मार्ग प्रशस्त करने के हकदार हैं। अपने विचारों और अनुभवों के बारे में खुली बातचीत में शामिल होना अपने आत्म-बोध को पुनः प्राप्त करने की दिशा में पहला कदम हो सकता है। याद रखें, अपनी आवाज़ खोजने में बहुत देर नहीं हुई है; जो हो रहा है उसे स्वीकार करना वह जागृति कॉल है जिसकी हममें से कई लोगों को ज़रूरत है।

खुद पर भरोसा करना और अपने अंतर्ज्ञान को आपका मार्गदर्शन करने देना महत्वपूर्ण है। एक बार जब आप संकेतों को पहचानना शुरू कर देते हैं और अपनी धारणाओं में आत्मविश्वास महसूस करते हैं, तो अपने

मूल्य को स्वीकार करना प्राथमिकता बना लें। खुद के लिए खड़े होने की दिशा में छोटे-छोटे कदम भी महत्वपूर्ण बदलाव ला सकते हैं। मदद के लिए आगे बढ़ने या किसी ऐसे व्यक्ति से अपनी स्थिति पर चर्चा करने में संकोच न करें जो आपको समझता हो। आप अकेली नहीं हैं; आपसे पहले कई महिलाओं ने इस रास्ते पर यात्रा की है, और अपनी कहानियाँ साझा करने में ताकत है। याद रखने वाली सबसे महत्वपूर्ण बात यह है कि इन संकेतों को पहचानना अधिक सशक्त, प्रामाणिक जीवन की ओर पहला कदम है। आपके पास अपनी कहानी को पुनः प्राप्त करने की शक्ति है।

बचे लोगों पर मनोवैज्ञानिक प्रभाव

कई बचे हुए लोग अदृश्य निशान लेकर चलते हैं जो उनके जीवन के हर पहलू को प्रभावित करते हैं। यह महसूस करना महत्वपूर्ण है कि आपकी भावनाएँ न केवल वैध हैं बल्कि आपने जो कुछ भी सहा है, उसके प्रति एक स्वाभाविक प्रतिक्रिया भी हैं। आप जो भ्रम, क्रोध या उदासी का अनुभव कर सकते हैं, वह सब आपके अनुभवों द्वारा आकार दिए गए एक जटिल भावनात्मक परिदृश्य का हिस्सा हैं। इसे पहचानना आपको यह जानने का आराम प्रदान कर सकता है कि आप अकेले नहीं हैं।

आपके द्वारा महसूस की जाने वाली प्रत्येक भावना का एक उद्देश्य होता है, और इसे स्वीकार करना उपचार की दिशा में पहला कदम है। याद रखें कि आपकी यात्रा विशिष्ट रूप से आपकी है; बिना किसी निर्णय के आपको जो महसूस करने की आवश्यकता है, उसे महसूस करने के लिए खुद को अनुग्रह देना आवश्यक है।

ठीक होने का कोई सीधा रास्ता नहीं होता, और ऐसे दिन भी हो सकते हैं जो दूसरों की तुलना में भारी या हल्के लगें। अपने आप को अपनी गति से ठीक होने की अनुमति देना महत्वपूर्ण है। छोटी-छोटी जीत का जश्न मनाएं, चाहे वह बिस्तर से उठना हो, किसी मित्र के साथ विचार साझा करना हो, या बस खुद को शांति के एक पल का आनंद लेने देना हो। ठीक होना एक यात्रा है, दौड़ नहीं। आगे बढ़ने वाला हर कदम, चाहे वह कितना भी छोटा क्यों न हो, एक खुशहाल भविष्य के निर्माण का हिस्सा है। अपने आप को ऐसे सहायक लोगों के साथ घेरें जो आपकी यात्रा को समझते हों। उनकी दयालुता आपको यह याद दिलाने में मदद कर सकती है कि ठीक होना सिर्फ़ संभव नहीं है; यह हासिल किया जा सकता है।

व्यावहारिक सुझाव: अपने विचारों और भावनाओं को व्यक्त करने के लिए एक डायरी रखने पर विचार करें। भावनाओं को संसाधित करने और अपनी उपचार यात्रा को ट्रैक करने के लिए लेखन एक शक्तिशाली उपकरण हो सकता है। यह आपको अपनी प्रगति पर विचार करने और अपने अनुभवों की जटिलताओं के माध्यम से काम करने की अनुमति देता है। आपके द्वारा लिखा गया प्रत्येक शब्द आपकी ताकत और लचीलेपन की याद दिलाता है।

अध्याय 3 - दुर्व्यवहार का चक्र

नियंत्रण के पैटर्न को समझना

यह एक ऐसा सफ़र है जो जागरूकता से शुरू होता है, यह बताता है कि कैसे छोटे-छोटे काम और शब्द नियंत्रण के बड़े पैटर्न में बदल सकते हैं। शुरू में, सब कुछ सही लग सकता है, प्यार और देखभाल से भरा हुआ। फिर, सूक्ष्म बदलाव होते हैं - चिंता के रूप में छिपी आलोचना, या आपके आत्मसम्मान पर छोटे-छोटे प्रहार जो आपको खुद पर संदेह करने पर मजबूर करते हैं। इस चरण को अक्सर "हनीमून चरण" कहा जाता है, जिससे आपको यह विश्वास हो सकता है कि चीजें हमेशा सुखद रहेंगी। लेकिन वास्तविकता अप्रत्याशित रूप से बदल सकती है, जिससे तनाव पैदा हो सकता है जहाँ चिंता बढ़ती है। आप अपने साथी के मूड का अनुमान लगाने और उसे संभालने की कोशिश करते हुए सावधानी से चलना शुरू करते हैं। इन पूर्व संकेतों को पहचानना महत्वपूर्ण है; यह समझने के लिए मंच तैयार करता है कि यह एक चक्र है, जिसे अक्सर दोहराया जाता है, जिसके भावनात्मक परिणाम आपको थका हुआ और भ्रमित कर देते हैं। आप खुद से पूछेंगे, 'मैंने ऐसा क्या किया जिससे यह भड़क

गया?' इसका उत्तर आपके व्यवहार में नहीं बल्कि खेल में मौजूद गतिशीलता को ध्यान से समझने में है।

यह स्वीकार करना कि नियंत्रण विभिन्न रूपों में प्रकट हो सकता है - चाहे वह भावनात्मक हो, मनोवैज्ञानिक हो या वित्तीय हो - आपको सशक्त बनाता है। हर बार जब आप अपनी आवाज़ में कमी, अपने व्यक्तित्व में कमी या अकेलेपन की भावना देखते हैं, तो आप स्वतंत्रता की ओर एक कदम बढ़ाते हैं। अपनी कहानी को पुनः प्राप्त करने का अर्थ है किसी और की स्क्रिप्ट में निष्क्रिय भागीदार बनने से इनकार करना। इस यात्रा में अपने भीतर गहराई से खुदाई करना, आपको शक्ति और लचीलापन विकसित करने के लिए प्रोत्साहित करना शामिल है। यह पहचानने के बारे में है कि प्यार को आपकी रोशनी को कम नहीं करना चाहिए बल्कि इसे बढ़ाना चाहिए। हर पल जब आप पीछे हटते हैं, पैटर्न का निरीक्षण करते हैं, और उनका सामना करते हैं, तो आपको एक अलग रास्ता चुनने की शक्ति मिलती है। आप एक ऐसे रिश्ते के हकदार हैं जो आपको ऊपर उठाए, आपको चुनौती दे और सबसे महत्वपूर्ण बात, आपको एक समान के रूप में सम्मान दे। आत्म-खोज की इस यात्रा में, याद रखें कि आज की एक छोटी सी स्वीकृति कल बड़े बदलावों की

ओर ले जा सकती है। अगर आप यह नोटिस कर सकते हैं कि कब कुछ गलत लगता है, तो आप पहले से ही अधिक जागरूकता के मार्ग पर हैं, जो खुद को अपनी शक्ति वापस पाने का मौका देता है।

अपनी जागरूकता को मजबूत करने के लिए एक उपकरण के रूप में आत्म-प्रतिबिंब का अभ्यास करें। अपने दैनिक अनुभवों को जर्नल में लिखने से आपको उन भावनाओं को व्यक्त करने में मदद मिल सकती है जो अक्सर उस समय व्यक्त करने के लिए बहुत जटिल होती हैं। आपको ऐसे पैटर्न मिल सकते हैं जिनके बारे में आपको पहले पता नहीं था। यह सरल कार्य न केवल आपके विचारों को स्पष्ट करता है बल्कि आपकी भावनाओं को मान्य करने में भी मदद करता है। अपने आप को सहायक मित्रों और संसाधनों के साथ घेरना आपकी अंतर्दृष्टि को मजबूत कर सकता है, यह सुनिश्चित करता है कि आप इस प्रक्रिया में कभी अकेले न हों। याद रखें, इन पैटर्न को पहचानना और उनके बारे में बात करना उपचार और सशक्तिकरण की एक परिवर्तनकारी यात्रा की ओर ले जा सकता है।

शर्म और अपराधबोध की भूमिका

अपराधबोध और शर्म अक्सर हमें चुप्पी में फंसाए रखते हैं, खासकर उन महिलाओं के लिए जिन्होंने आघात का सामना किया है। ये भावनाएँ हमारे दिलों पर भारी पड़ सकती हैं, जिससे हमें लगता है कि हम मदद के लायक नहीं हैं या अगर हम मदद माँगेंगे तो हमें कठोर तरीके से आंका जाएगा। यह समझना महत्वपूर्ण है कि दोषी या शर्मिंदा महसूस करना यह नहीं दर्शाता है कि हम वास्तव में कौन हैं। इसके बजाय, ये भावनाएँ सामाजिक अपेक्षाओं और पिछले अनुभवों से उत्पन्न हो सकती हैं जो हमें बताती हैं कि हमें अपना बोझ अकेले ही उठाना चाहिए। जब मैंने इसे पहचानना शुरू किया, तो ऐसा लगा जैसे रोशनी जल गई हो। मुझे एहसास हुआ कि मैं इस संघर्ष में अकेली नहीं थी। अन्य महिलाओं ने भी ऐसा ही महसूस किया, और साथ मिलकर, हम बिना किसी निर्णय के डर के अपनी कहानियाँ साझा करने के लिए एक सुरक्षित स्थान बना सकते हैं।

नकारात्मक सोच को फिर से परिभाषित करना इस उपचार यात्रा का एक शक्तिशाली साधन है। शर्म को हमारे कानों में यह फुसफुसाने देना आसान है कि हम दोषपूर्ण हैं या प्यार और समर्थन के योग्य नहीं हैं। लेकिन जब मैंने उन विचारों को चुनौती देना सीखा, उस आंतरिक

आलोचक से बात करना सीखा, तो मुझे आज़ादी का एहसास हुआ। यह कहने के बजाय कि, "मुझे ऐसा नहीं होने देना चाहिए था," मैंने कहना शुरू किया, "मैं इससे बचने के लिए मज़बूत हूँ।" भाषा में इस बदलाव ने मुझे शर्म की शक्ति को खत्म करने में मदद की जो मुझ पर हावी थी। अपने विचारों को फिर से परिभाषित करने में प्रत्येक छोटी जीत ने मुझे उपचार के करीब पहुँचाया। याद रखें, यह भावनाओं को खारिज करने के बारे में नहीं है बल्कि उन्हें एक नया संदर्भ देने के बारे में है। अपने दर्द को गले लगाने से हम अपनी कहानियों को पुनः प्राप्त कर सकते हैं, सशक्तीकरण की भावना को बढ़ावा दे सकते हैं जो आगे का रास्ता रोशन कर सकती है।

ऐसे क्षणों में जब अपराधबोध और शर्म आपको भारी लगे, एक कदम पीछे हटें और सांस लें। पहचानें कि ये भावनाएँ इंसान होने का हिस्सा हैं, लेकिन ये आपकी कीमत निर्धारित नहीं करती हैं। अपनी भावनाओं को जर्नल में लिखने या किसी ऐसे व्यक्ति से बात करने पर विचार करें जिस पर आप भरोसा करते हैं। साझा करने से बोझ कम हो सकता है और आपको स्थिति को एक अलग नज़रिए से देखने में मदद मिल सकती है। मदद

मांगना ठीक है, और ऐसा करना उपचार की दिशा में एक साहसी कदम है।

चक्र से मुक्त होना

इस विचार को अपनाना मेरे लिए एक परिवर्तनकारी अनुभव रहा है, और यह एक शक्तिशाली अनुस्मारक है कि हम अपने जीवन के निर्माता स्वयं हैं। परिवर्तन को भारी महसूस करने की आवश्यकता नहीं है; यह इस बात को स्वीकार करने से शुरू होता है कि यह न केवल संभव है, बल्कि हमारे विकास के लिए भी आवश्यक है। प्रत्येक यात्रा उस पहले कदम से शुरू होती है, चाहे वह कितना भी छोटा क्यों न लगे। मैंने पाया कि प्राप्त करने योग्य लक्ष्य निर्धारित करना, भले ही वे मेरी दैनिक आदतों में मामूली समायोजन ही क्यों न हों, बहुत बड़ा अंतर पैदा करते हैं। इन छोटे-छोटे बदलावों के माध्यम से ही मुझे आत्मविश्वास मिला और अपने विकल्पों पर नियंत्रण की अधिक समझ मिली। परिवर्तन कोई दौड़ नहीं है; यह स्वाभाविक रूप से तब सामने आता है जब हम खुद को और अपनी आकांक्षाओं को पोषित करते हैं। जब हम अपनी क्षमताओं पर विश्वास करना शुरू करते हैं, तो हम अपनी परिस्थितियों से बंधे हुए महसूस नहीं करते। हम उन बाधाओं को पार करने के लिए तैयार हो जाते हैं जो

कभी हमें बंधक बनाती थीं, जिससे हमारे जीवन में एक नए अध्याय का द्वार खुल जाता है।

जब मैंने सीमाओं के महत्व को समझना शुरू किया, तो मुझे लगा कि मैं आखिरकार अपने उन हिस्सों को वापस पा रहा हूँ जिन्हें मैंने इतने लंबे समय तक अनदेखा किया था। यह सिर्फ़ दूसरों को ना कहने के बारे में नहीं है; यह खुद को हाँ कहने के बारे में है। सीमाएँ तय करना आत्म-प्रेम का कार्य है और यह दूसरों को सिखाता है कि हमें कैसे व्यवहार करना चाहिए। मुझे याद है कि शुरू में यह कितना मुश्किल था; प्रियजनों को निराश करने का डर बहुत बड़ा था। फिर भी, जैसे-जैसे मैंने अपनी ज़रूरतों को पहले रखने का अभ्यास किया, मैंने अपनी भावनाओं और इच्छाओं के लिए गहरा सम्मान विकसित करना शुरू कर दिया। हर बार जब मैं दृढ़ रहा, तो मुझे मुक्ति का एहसास हुआ। इसके साथ ही एक नया आत्म-सम्मान आया, एक मान्यता कि मैं अपनी भलाई को प्राथमिकता देने का हकदार हूँ। एक बार जो चक्र अटूट लगता था, वह तब टूटने लगा जब मैंने अपने जीवन में ईमानदारी और प्रामाणिकता के लिए जगह बनाई। यह इस परिवर्तनकारी प्रक्रिया के माध्यम से था कि मैंने अपने आप को ऐसे लोगों के साथ घेरना महत्वपूर्ण समझा जो

मेरी सीमाओं का समर्थन करते हैं - जो मेरी यात्रा का सम्मान करते हैं और मेरे विकास को प्रोत्साहित करते हैं। मेरे रिश्ते इतने सकारात्मक तरीके से बदल गए, जिससे आत्म-सम्मान और दयालुता के प्रति मेरी प्रतिबद्धता मजबूत हुई।

अपनी सीमाओं पर विचार करने के लिए समय निकालें और अपने लिए आत्म-सम्मान कैसा है, इस पर विचार करें। अपने विचारों को जर्नल में लिखने या किसी भरोसेमंद दोस्त के साथ उन पर चर्चा करने पर विचार करें। इस प्रक्रिया के बारे में जानबूझकर सोचना आपको उन चक्रों को पहचानने में मदद कर सकता है जिन्हें आप तोड़ना चाहते हैं और आपको सशक्त बदलाव की दिशा में आवश्यक कदम उठाने के लिए प्रेरित कर सकता है।

अध्याय 4 - सहायता और समर्थन की तलाश

विश्वसनीय सहयोगियों की पहचान

जब जीवन कठिन हो जाता है, तो आपके आस-पास ऐसे लोगों का होना जो वास्तव में समझते हैं और परवाह करते हैं, बहुत फर्क डाल सकता है। मैंने पाया है कि यह केवल लोगों को जानने के बारे में नहीं है; यह सार्थक संबंध बनाने के बारे में है। उन दोस्तों के बारे में सोचें जो हर मुश्किल समय में आपके साथ रहे हैं, परिवार के सदस्य जिन पर आप बिना किसी हिचकिचाहट के भरोसा कर सकते हैं। यह नेटवर्क आपके डर और जीत को साझा करने के लिए एक सुरक्षित स्थान प्रदान करता है, जो आपके जुड़ाव की भावना को बढ़ावा देता है। ये सहयोगी आपके साउंडिंग बोर्ड और आपके चीयरलीडर बन जाते हैं, जो आपको थोड़ी अधिक शालीनता और बहुत अधिक ताकत के साथ चुनौतियों से निपटने में मदद करते हैं।

उन एक या दो खास लोगों की पहचान करना बहुत ज़रूरी है जो मुश्किल समय में आपका साथ दे सकें। चाहे वह कोई करीबी दोस्त हो जो हमेशा जानता हो कि

क्या कहना है, या कोई परिवार का सदस्य जिसका अटूट समर्थन आपको ऊपर उठा सकता है, ये सहयोगी तब आपको परिप्रेक्ष्य प्रदान कर सकते हैं जब आप खोया हुआ महसूस करते हैं। मुश्किल समय के दौरान, मैं अक्सर खुद को उन लोगों की ओर बढ़ते हुए पाता हूँ जो न केवल सुनते हैं बल्कि प्यार और अंतर्दृष्टि के साथ जवाब भी देते हैं। किससे बात करनी है, इस बारे में अपनी सहज प्रवृत्ति पर भरोसा करने से मुझे अपनी यात्रा में बहुत मदद मिली है। आपके सहयोगियों को आपको सुरक्षित, पोषित और आपके सामने आने वाली किसी भी चुनौती का सामना करने के लिए सशक्त महसूस कराना चाहिए।

उत्तरजीवियों के लिए स्थानीय और राष्ट्रीय संसाधन

यह जानना सशक्त बनाता है कि सहायता आपकी पहुँच में है। जब मैंने पहली बार सहायता माँगना शुरू किया, तो मैं उपलब्ध विकल्पों से अभिभूत महसूस कर रहा था। मुझे जल्दी ही पता चल गया कि स्थानीय आश्रय केवल अस्थायी आवास से कहीं अधिक हैं; वे एक सुरक्षित

आश्रय और समझदारी भरा समुदाय प्रदान करते हैं। ये स्थान अक्सर परामर्श, नौकरी प्रशिक्षण और कानूनी सहायता जैसी विभिन्न सेवाएँ प्रदान करते हैं, जो आपके जीवन को फिर से बनाने के लिए महत्वपूर्ण हैं। राष्ट्रीय हॉटलाइन एक और महत्वपूर्ण संसाधन है, जो 24/7 सहायता और मार्गदर्शन प्रदान करता है। वे किसी भी व्यक्ति के लिए जीवन रेखा के रूप में काम करते हैं जो अलग-थलग महसूस करता है या यह सुनिश्चित नहीं करता कि कहाँ जाए। अपने फ़ोन पर इन नंबरों को सहेजना आपकी स्वतंत्रता और सुरक्षा को पुनः प्राप्त करने की दिशा में एक छोटा लेकिन महत्वपूर्ण कदम हो सकता है।

जब आप बाहर की चीज़ों से परिचित होने के लिए समय निकालते हैं, तो आप उन अवसरों के द्वार खोलते हैं जो उपचार की ओर ले जा सकते हैं। मदद मांगने में कोई शर्म नहीं है; इसके बजाय, यह एक साहसी विकल्प है जो आपकी खुद के प्रति प्रतिबद्धता को दर्शाता है। मुझे याद है कि पहली बार मैंने हॉटलाइन पर कॉल किया था। दूसरी तरफ़ से आवाज़ गर्मजोशी से भरी और आश्वस्त करने वाली थी, जो मुझे याद दिला रही थी कि मैं अकेली नहीं थी। यह जानना कि महिलाओं के लिए विशेष रूप

से संसाधनों का एक नेटवर्क है, आपको शक्ति और आश्वासन दे सकता है। संपर्क करें, अपना शोध करें, और बचे हुए लोगों के लिए तैयार किए गए स्थानीय कार्यक्रमों के बारे में जानकारी इकट्ठा करें। चाहे वह सहायता समूहों से जुड़ना हो, कानूनी सलाह लेना हो, या बस किसी ऐसे व्यक्ति से बात करना हो जो आपकी स्थिति को समझता हो, ये संसाधन आपकी यात्रा को गहराई से प्रभावित कर सकते हैं।

इन संपर्कों की सूची अपने घर में या अपने फ़ोन में सहेज कर रखना न भूलें। इस तरह, अगर आपको कभी अनिश्चितता महसूस हो या मार्गदर्शन की ज़रूरत हो, तो आपके पास वह सब कुछ होगा जो आपको चाहिए। संसाधनों की खोज की दिशा में पहला कदम उठाने से न केवल तत्काल सहायता मिलती है, बल्कि समुदाय और लचीलेपन की भावना का निर्माण करने में भी मदद मिलती है।

दुर्व्यवहार के बारे में बातचीत की तैयारी

जब दुर्व्यवहार पर चर्चा करने की बात आती है, तो खुलकर बात करने का विचार भारी लग सकता है। हालाँकि, तैयारी के लिए समय निकालना उस चिंता को

आत्मविश्वास में बदल सकता है। एक शांत जगह ढूँढ़कर शुरुआत करें जहाँ आपके विचार बिना किसी रुकावट के स्वतंत्र रूप से बह सकें। अपनी भावनाओं और आप जो व्यक्त करना चाहते हैं, उसे लिखने पर विचार करें। यह अभ्यास न केवल आपके विचारों को व्यवस्थित करता है बल्कि आपको बातचीत को एक अलग कोण से देखने की भी अनुमति देता है। अपने आदर्श परिणाम की कल्पना करें। बातचीत के बाद आप कैसा महसूस करना चाहते हैं? सकारात्मक परिणाम की कल्पना करने से डर और आत्म-संदेह को कम करने में मदद मिल सकती है जो अक्सर इन चर्चाओं के साथ होता है।

जब वास्तविक क्षण आता है, तो ज़ोर से बोलना एक बहुत ज़रूरी अभ्यास प्रदान करता है। आप किसी भरोसेमंद दोस्त के साथ या फिर आईने के सामने भी अभ्यास करना चुन सकते हैं। यह अभ्यास आपको अपनी भावनाओं और आप जो व्यक्त करना चाहते हैं, उससे परिचित होने में मदद करता है। संभावित प्रतिक्रियाओं का अनुमान लगाना और इस बात पर विचार करना कि आप उन्हें कैसे संबोधित करेंगे, और भी अधिक फायदेमंद हो सकता है। याद रखें, इस बातचीत के दौरान सीमाएँ

निर्धारित करना और अपनी ज़रूरतों को व्यक्त करना ठीक है। आपके द्वारा उठाया गया प्रत्येक कदम इसे थोड़ा आसान बनाता है और आपकी अपनी कहानी के लेखक के रूप में आपकी भूमिका को मज़बूत करने में मदद करता है।

अंत में, ध्यान रखें कि आप चाहे कितने भी तैयार क्यों न हों, बातचीत के दौरान भावनाएँ फिर भी उभर सकती हैं। इस प्रक्रिया में खुद को संयमित और धैर्यवान बनाएँ। यह सिर्फ़ आपके द्वारा कहे गए शब्दों के बारे में नहीं है, बल्कि उनके पीछे की भावनाओं के बारे में भी है। और याद रखें, अपनी सच्चाई बोलना ताकत का काम है। चाहे आप किसी दोस्त, काउंसलर या फिर किसी व्यक्ति से बात कर रहे हों, गहरी साँस लें और उस पल का आनंद लें। आप इसमें अकेले नहीं हैं, और आपकी आवाज़ में ताकत है। एक उपयोगी सुझाव: कुछ मुख्य वाक्यांश या पुष्टिकरण लिख लें जो आपके साथ प्रतिध्वनित होते हैं। उन्हें हाथ में रखना किसी भी चिंता को कम करने और अपनी ताकत को याद दिलाने के लिए एक शक्तिशाली उपकरण बन सकता है क्योंकि आप अपनी सच्चाई बोलने के लिए तैयार हैं।

अध्याय 5 - सुरक्षा योजना बनाना

अपनी विशिष्ट स्थिति का आकलन करना

हर महिला का जीवन अलग होता है, जो उसके अनुभवों, पर्यावरण और रिश्तों से प्रभावित होता है। इस बात पर विचार करने के लिए समय निकालना कि आपकी स्थिति क्या खास बनाती है, एक सुरक्षा योजना बनाने का पहला कदम है जो वास्तव में आपके लिए काम करती है। अपनी दैनिक दिनचर्या, अपने आस-पास, अपने आस-पास के लोगों और आपके पास उपलब्ध संसाधनों के बारे में सोचें। अपनी ताकत को पहचानें और साथ ही किसी भी कमज़ोरी की पहचान करें। यह आत्म-जागरूकता आपको एक सहायक ढांचा स्थापित करने में सक्षम बनाती है जो न केवल आपकी रक्षा करती है बल्कि आपको आगे बढ़ने में भी सक्षम बनाती है। याद रखें कि सभी के लिए एक ही समाधान नहीं है। आपकी सुरक्षा योजना आपकी तरह ही व्यक्तिगत होनी चाहिए, जो आपकी जीवनशैली, प्राथमिकताओं और विशिष्ट चुनौतियों को दर्शाती हो।

उन स्थितियों पर ध्यान दें जो तनाव या चिंता का कारण बनती हैं, साथ ही उन लोगों पर भी जो आपकी मानसिक

शांति को नुकसान पहुंचा सकते हैं। इन ट्रिगर्स को समझना आपको उन्हें अधिक प्रभावी ढंग से नेविगेट करने के लिए रणनीति विकसित करने में सक्षम बनाता है। जब आप असहजता या डर महसूस करते हैं, तो उन क्षणों को नोट करना मददगार हो सकता है, जो उभरने वाले पैटर्न की पहचान करते हैं। एक बार जब आप जान जाते हैं कि किस पर ध्यान देना है, तो आप सक्रिय प्रतिक्रियाएँ बना सकते हैं। परिस्थितियों से बेखबर होने के बजाय, आप खुद को मानसिक और भावनात्मक रूप से तैयार कर सकते हैं, जिससे आपको अपनी प्रतिक्रियाओं पर अधिक नियंत्रण मिलेगा। इस जागरूकता को अपनाने से आप सशक्त हो सकते हैं, जो कभी आपके जीवन के भारी लगने वाले पहलुओं को प्रबंधनीय बना सकता है। सुरक्षा का मतलब सिर्फ़ खतरे से बचना नहीं है; यह आपके पर्यावरण को समझने और अपनी भलाई को प्राथमिकता देने के बारे में है।

प्रत्येक दिन की शुरुआत कुछ पल अपने आस-पास के माहौल को देखने और अपनी भावनाओं को जाँचने से करें। यह अभ्यास आपको स्थिर कर सकता है, आपको वर्तमान के बारे में अधिक जागरूक बना सकता है और चुनौतियों का सामना करने के लिए तैयार कर सकता है।

यह आपकी सुरक्षा योजना बनाने का एक छोटा लेकिन प्रभावशाली तरीका है, जो आपके बढ़ने के साथ विकसित होता है। एक सहायक समुदाय से जुड़ना आपके आत्मविश्वास को भी बढ़ा सकता है क्योंकि आप अपनी अनूठी चुनौतियों का सामना करते हैं। दूसरों के साथ अनुभव साझा करना जो समझते हैं, उन रास्तों को उजागर कर सकते हैं जिनके बारे में आपने शायद नहीं सोचा होगा और आपको याद दिला सकते हैं कि आप अकेले नहीं हैं। सक्रिय योजना के साथ आत्म-जागरूकता को मिलाकर, आप अपनी भलाई के लिए एक मजबूत आधार बनाते हैं।

शामिल करने के लिए आवश्यक वस्तुएँ

जीवन अप्रत्याशित हो सकता है, और अप्रत्याशित स्थिति के लिए तैयार रहना आराम और सुरक्षा का स्तर ला सकता है। उन परिस्थितियों के बारे में सोचें जिनके लिए आपको जल्दी से जल्दी घर छोड़ना पड़ सकता है: कोई प्राकृतिक आपदा, कोई अप्रत्याशित आपात स्थिति, या यहाँ तक कि आपके रहने की स्थिति में अचानक बदलाव। महत्वपूर्ण वस्तुओं की एक चेकलिस्ट बनाकर, आपने अपनी सुरक्षा सुनिश्चित करने की दिशा में एक कदम उठाया है। व्यावहारिक आवश्यक वस्तुओं

जैसे महत्वपूर्ण दस्तावेज़, दवाइयाँ, और ऐसी कोई भी चीज़ जो आपके स्वास्थ्य और कल्याण के लिए महत्वपूर्ण है, से शुरुआत करें। यह सूची न केवल एक मार्गदर्शक के रूप में काम करती है बल्कि आपके सामने आने वाली किसी भी चीज़ को संभालने की आपकी क्षमता को मजबूत करती है।

जब मुझे जल्दी से सामान पैक करने की ज़रूरत होती थी, तो मेरा दिमाग़ संभावनाओं से भरा रहता था, मुझे डर लगता था कि मैं कोई ज़रूरी सामान भूल जाऊँगा। ऐसे ही पलों में मुझे यह जानकर शांति मिलती थी कि मैंने तैयारी कर ली है। अपनी ज़रूरतों का अनुमान लगाकर, मैं घबराहट में फंसने के बजाय तुरंत ज़रूरी कामों पर ध्यान केंद्रित कर पाया। अपनी ज़रूरी चीज़ों के लिए एक सरल योजना या एक निर्धारित बैग बनाएँ। इस बैग को नियमित रूप से चेक करें और अपडेट करें ताकि आपकी मौजूदा ज़िंदगी की स्थिति के हिसाब से सब कुछ प्रासंगिक रहे। आप जितना ज़्यादा तैयार महसूस करेंगे, आप उतने ही ज़्यादा सशक्त होंगे, चाहे ज़िंदगी में आपके सामने कोई भी चुनौती क्यों न आए।

ध्यान रखें कि आपकी ज़रूरी चीज़ों को तैयार रखना सिर्फ़ भौतिक चीज़ों से ज़्यादा है; यह मानसिक तैयारी के

बारे में भी है। इस बात पर विचार करने के लिए समय निकालें कि आपको किस चीज़ से सुरक्षा और भरोसा महसूस होता है। चाहे वह कोई प्यारी तस्वीर हो या कोई आरामदायक कपड़ा, अपनी सूची में ऐसी चीज़ें शामिल करें जो भावनात्मक सहारा देती हों। इस तैयारी को आत्म-प्रेम और सशक्तिकरण का कार्य समझें, जो आपको आत्मविश्वास के साथ चुनौतियों का सामना करने के लिए स्वतंत्र करता है। याद रखें, तैयारी में बिताया गया हर पल आपके मन की शांति में निवेश है, और सबसे अच्छी बात यह है कि आप हमेशा अपनी कहानी पर नियंत्रण रखते हैं।

आपातकालीन संपर्क और सुरक्षित स्थान

यह जानना कि हमारी दुनिया में पोषण करने वाले कोने हैं, हमें थोड़ा आसानी से साँस लेने में मदद कर सकते हैं। अपने पड़ोस, अपने घर या यहाँ तक कि किसी स्थानीय कैफ़े के बारे में सोचें जो आपको सहज महसूस कराता है। ये स्थान आपके आश्रय हैं - जहाँ आप आराम कर सकते हैं और सुरक्षित महसूस कर सकते हैं। इन स्थानों के साथ-साथ, आपके आपातकालीन संपर्क एक सुरक्षा जाल की तरह काम करते हैं। वे वे लोग हैं जो आपको समझते हैं, जो तब मौजूद होंगे जब आपको सुनने वाले

की ज़रूरत होगी, और जो सिर्फ़ एक फ़ोन कॉल की दूरी पर होंगे जब जीवन बोझिल लगे। इन व्यक्तियों की सूची बनाना चुनौतीपूर्ण क्षणों के दौरान आपकी जीवन रेखा के रूप में काम कर सकता है, जो आपको याद दिलाता है कि आपके लिए समर्थन इंतज़ार कर रहा है।

जब आप ठीक से जानते हैं कि किससे संपर्क करना है या कहाँ जाना है, तो आप उस अराजकता को कम कर देते हैं जो संकट ला सकता है। यह सूची बहुत बड़ी नहीं होनी चाहिए; यह बस मुट्ठी भर भरोसेमंद दोस्तों, परिवार के सदस्यों या पड़ोसियों की भी हो सकती है। इन रिश्तों की परिचितता विश्वास का एक मजबूत नेटवर्क बनाती है जिसका आप उपयोग कर सकते हैं, जिससे आपको अनिश्चित समय में आत्मविश्वास मिलता है। इसके अतिरिक्त, जब आपके मन में विशिष्ट स्थान होते हैं - जैसे किसी मित्र का घर, पुस्तकालय या सामुदायिक केंद्र - तो आप खुद को सशक्त बनाते हैं। आप कठिन परिस्थितियों से निपटने के लिए अपनी ताकत वापस पा लेते हैं, साथ ही यह भी जानते हैं कि आपके पास पीछे हटने के लिए सुरक्षित स्थान हैं। जब चिंता बढ़ती है, तो याद रखें कि ऐसी जगहें और लोग हैं जो आपको स्थिर करने में मदद कर सकते हैं।

अध्याय 6 - अपमानजनक रिश्ते को छोड़ना

प्रस्थान के लिए भावनात्मक रूप से तैयारी करना

जब आप घर से दूर जाने की संभावना का सामना करते हैं, चाहे वह घर से दूर जाना हो, किसी रिश्ते को खत्म करना हो या फिर नौकरी बदलना हो, आपकी भावनाएँ मायने रखती हैं। वे भारी पड़ सकती हैं, और उन्हें दरकिनार करना आसान है, यह सोचकर कि यह प्रक्रिया का एक हिस्सा है। इसके बजाय, उन भावनाओं का सम्मान करने के लिए एक पल लें। अपने आप को एक साथ दुख, चिंता और उत्साह का अनुभव करने दें। इन भावनाओं को पहचानना आपको उन्हें संसाधित करने में मदद कर सकता है। जर्नलिंग एक उपयोगी उपकरण हो सकता है। लिखें कि आप क्या महसूस कर रहे हैं और क्यों - आपको यह जानकर आश्चर्य हो सकता है कि अपने विचारों को कागज़ पर लिखने से उन्हें स्पष्ट और अधिक प्रबंधनीय बनाने में मदद मिलती है। यह आपको याद दिलाता है कि परस्पर विरोधी भावनाएँ होना पूरी तरह से सामान्य है, और इस जटिलता को स्वीकार करने

से आप स्पष्टता के साथ आगे बढ़ने के लिए सशक्त हो सकते हैं।

किसी चीज़ को पीछे छोड़ने का मतलब यह नहीं है कि वह मूल्यवान या सार्थक नहीं थी। आप अनुभवों से यूं ही दूर नहीं चले जाते; आप उन्हें अपने साथ ले जाते हैं। जब आप जाने की तैयारी करते हैं, तो सोचें कि आपने क्या सीखा है, आप कैसे बड़े हुए हैं, और उन पलों ने आपको कितनी खुशी दी है। समापन आपके द्वारा की गई यात्रा को स्वीकार करने से आता है। अलविदा कहने के लिए एक छोटी सी रस्म बनाने पर विचार करें, जैसे मोमबत्ती जलाना या मौन का एक पल लेना। खुद को यह स्थान देने से स्वीकृति को बढ़ावा मिलता है, जो भावनात्मक लचीलेपन के लिए महत्वपूर्ण है। एक बार जब आप अपने अतीत को स्वीकार कर लेते हैं, तो आप भविष्य में आत्मविश्वास से कदम रखने के लिए खुद को मुक्त कर लेते हैं। याद रखें, हर अंत एक नई शुरुआत का द्वार खोलता है, और आपका दिल खुशी को फिर से खोजने के लिए पर्याप्त साहसी है।

जैसे-जैसे आप प्रस्थान की तैयारी करते हैं, प्रत्येक परिवर्तन पर चिंतन करना अपना अभ्यास बनाएँ। आप सकारात्मक परिणामों और नए रोमांच की कल्पना करने

के लिए विज़ुअलाइज़ेशन जैसी तकनीकों का उपयोग कर सकते हैं। नए लोगों से मिलने, विभिन्न संस्कृतियों का अनुभव करने या उन जुनूनों को आगे बढ़ाने की खुशी की कल्पना करें जिन्हें शायद दरकिनार कर दिया गया हो। नुकसान के बजाय संभावनाओं पर केंद्रित मानसिकता विकसित करना मुक्तिदायक हो सकता है। हर बार जब आप एक नया अध्याय शुरू करते हैं, तो अपने आप को याद दिलाएँ कि यह व्यक्तिगत विकास की ओर एक कदम है, और उस मानसिकता के साथ, हर अलविदा एक खूबसूरत नमस्ते की ओर ले जा सकता है।

प्रस्थान की रसद

जब मैंने जाने का फैसला किया, तो हर विवरण कठिन लग रहा था, लेकिन अपने विचारों को इकट्ठा करना और एक योजना बनाना मेरी स्वतंत्रता को पुनः प्राप्त करने की दिशा में मेरा पहला कदम था। अपने नए जीवन की कल्पना करना आवश्यक है, भले ही रास्ता अस्पष्ट लगे। अपने प्रस्थान के प्रमुख घटकों की पहचान करके शुरू करें - आप कहाँ जाएँगे, आप वहाँ कैसे पहुँचेंगे, और आप अपने साथ क्या ले जाएँगे? इन्हें लिखने से डर एक स्पष्ट तस्वीर में बदल सकता है, जिससे आप देख सकते हैं कि आप केवल परिस्थितियों पर प्रतिक्रिया नहीं कर

रहे हैं, बल्कि सक्रिय रूप से एक बेहतर भविष्य चुन रहे हैं।

मैंने अपने भरोसेमंद दोस्तों और परिवार के सदस्यों से संपर्क करके खुद को सुरक्षित किया, जिन्होंने मेरे फैसले का समर्थन किया, यह याद रखते हुए कि मुझे यह अकेले नहीं करना था। एक सुरक्षा योजना बनाएं जिसमें रहने के लिए एक सुरक्षित स्थान, कपड़े, दस्तावेज जैसी आवश्यक चीजें और आपके लिए मूल्यवान कोई भी भावनात्मक वस्तु शामिल हो। समय के साथ सावधानी से पैकिंग करने से अंतिम समय में लिए गए निर्णयों के तनाव को कम किया जा सकता है। हमेशा महत्वपूर्ण फ़ोन नंबर आसानी से उपलब्ध रखें, और जब भी संभव हो थोड़ी सी राशि अलग रखने पर विचार करें, क्योंकि यह आपके जाने पर आपको सहारा देगी। ये कार्य छोटे लग सकते हैं, लेकिन ये आपको बहुत सशक्त बना सकते हैं और आगे क्या होने वाला है, इस पर ध्यान केंद्रित करने में आपकी मदद कर सकते हैं।

इस प्रक्रिया में आप जो भी कदम उठाते हैं, वह आपके उपचार के मार्ग में एक ईंट की तरह काम करता है। हर कदम आपके साहस को मजबूत कर सकता है और आपको आगे बढ़ने के लिए प्रेरित कर सकता है। अपनी

गति से आगे बढ़ें और भरोसा रखें कि आप कदम दर कदम वह जीवन बना रहे हैं जिसके आप हकदार हैं। याद रखें, आप संभावनाओं से भरे भविष्य की नींव रख रहे हैं और सबसे महत्वपूर्ण बात यह है कि आप पहला कदम आगे बढ़ाएं, चाहे वह कितना भी छोटा क्यों न हो।

अस्थायी आवास ढूँढना

जब जीवन बोझिल लगता है, तो सुरक्षित स्थान खोजने का विचार कठिन लग सकता है। हालाँकि, सुरक्षा की ओर पहला कदम उठाने से आपके लिए मुश्किलें खड़ी हो सकती हैं। चाहे आप घरों के बीच बदलाव कर रहे हों, किसी मुश्किल परिस्थिति से बच रहे हों, या बस अपनी सांसों को थामने के लिए एक जगह की ज़रूरत हो, अपने विकल्पों को जानना आपको सशक्त बना सकता है। स्थानीय सामुदायिक केंद्र, धार्मिक संगठन और यहाँ तक कि ऑनलाइन प्लेटफ़ॉर्म भी आपकी ज़रूरतों के हिसाब से उपलब्ध जगहों की सूची प्रदान कर सकते हैं। आपकी प्राथमिकता एक आश्रय बनाना होनी चाहिए, भले ही वह अस्थायी हो, जहाँ आप सुरक्षित महसूस कर सकें, अपने विचारों को इकट्ठा कर सकें और भविष्य की योजना बना सकें।

कभी-कभी, सबसे चुनौतीपूर्ण हिस्सा यह जानना होता है कि कहां देखना है। कई शहरों में महिलाओं के लिए समर्पित आश्रय स्थल हैं, जहाँ माहौल ज़्यादा स्वागत करने वाला और आपकी ज़रूरतों को समझने वाला होता है। सहायक नेटवर्क तक पहुँचने से ऐसे संसाधन भी मिल सकते हैं जिनके बारे में आपको पता नहीं था। इनमें संक्रमणकालीन आवास कार्यक्रम या यहाँ तक कि सामुदायिक समूह भी शामिल हो सकते हैं जो महिलाओं की मदद करने पर ध्यान केंद्रित करते हैं। ऐसे अन्य लोगों से जुड़ना जिन्होंने समान रास्ते अपनाए हैं, अक्सर सहायता के छिपे हुए रत्नों की खोज की ओर ले जाता है। बस याद रखें, मदद माँगना ठीक है; ऐसे लोग और संगठन हैं जो आपकी सहायता करने के लिए उत्सुक हैं।

जब आप अस्थायी आवास की तलाश कर रहे हों, तो दोस्तों या परिवार से संपर्क करने पर विचार करें। मदद करने की उनकी इच्छा आपको आश्चर्यचकित कर सकती है, और कभी-कभी एक परिचित चेहरा अनिश्चित समय के दौरान आराम दे सकता है। अस्थायी का क्या मतलब है, इस बारे में हमेशा खुले दिमाग से सोचें। किसी मित्र के घर में एक आरामदायक कमरा या ट्रांज़िशनल हाउसिंग प्रोग्राम में एक जगह आपको अपने

पैर जमाने और अपने अगले कदमों की योजना बनाने के लिए आवश्यक सांस लेने की जगह प्रदान कर सकती है। बस याद रखें, जबकि यह अध्याय अनिश्चित लग सकता है, यह एक अधिक स्थायी समाधान और उपचार खोजने की आपकी यात्रा का एक महत्वपूर्ण क्षण है।

अध्याय 7. अपने जीवन का पुनर्निर्माण

स्वतंत्रता की स्थापना

वित्तीय और भावनात्मक स्वतंत्रता का निर्माण केवल पैसे या अकेले रहने के बारे में नहीं है; यह आपके आत्म-मूल्य और आत्मविश्वास को मजबूत करने के बारे में है। जब मैंने अपने वित्त की जिम्मेदारी संभाली, तो मुझे न केवल अपनी खुद की कमाई से मिलने वाली शक्ति का एहसास हुआ, बल्कि यह भी कि यह मेरे खुद के बारे में मेरी धारणा को कैसे आकार देता है। प्रत्येक पेचेक मेरे बैंक खाते में केवल एक संख्या नहीं बल्कि मेरी क्षमताओं और मेरी दृढ़ता का प्रमाण बन गया। वह स्वतंत्रता मेरे आत्मसम्मान की रक्षा करने वाली ढाल की तरह है, जो मुझे दूसरों से प्रभावित होने के बजाय अपने मूल्यों के अनुरूप विकल्प चुनने की अनुमति देती है। बजट बनाना, बचत करना और निवेश करना सीखना आवश्यक है, ताकि एक ऐसा आधार तैयार किया जा सके जो विकास को सीमित करने के बजाय प्रोत्साहित करे। मेरे द्वारा अलग रखे गए प्रत्येक डॉलर के साथ, मैं अपनी क्षमताओं के बारे में संदेह को भी दूर करता हूँ, जिससे मेरी वित्तीय उपलब्धियों के साथ-साथ आत्म-मूल्य की एक मजबूत

भावना पैदा होती है। इसी तरह, भावनात्मक स्वतंत्रता का अर्थ है मान्यता या खुशी के लिए केवल दूसरों पर निर्भर न रहना। इसका अर्थ है अपनी भावनाओं को समझना, उनका पोषण करना और अपने आस-पास के लोगों से मान्यता के बिना इस दुनिया में जगह लेने की अनुमति देना।

स्वायत्तता को अपनाने से उल्लेखनीय व्यक्तिगत विकास और आत्म-खोज के द्वार खुलते हैं। निर्भरता के आराम से दूर जाना शुरू में कठिन लग सकता है, लेकिन उठाया गया हर जोखिम यह समझने की दिशा में एक कदम है कि हम वास्तव में कौन हैं। मुझे वह समय याद है जब सामाजिक अपेक्षाओं से मुक्त होना एक पतली रस्सी पर चलने जैसा लगता था। पहले तो यह चुनौतीपूर्ण था, लेकिन इस यात्रा ने मेरे जुनून, इच्छाओं और महत्वाकांक्षाओं को उजागर किया, जिनके बारे में मुझे पता भी नहीं था। स्वायत्तता मुझे अपने विश्वासों और आकांक्षाओं के आधार पर निर्णय लेने की अनुमति देती है। यह मदद को अस्वीकार करने के बारे में कम और खुद पर और अपनी प्रवृत्ति पर भरोसा करना सीखने के बारे में अधिक है। स्वतंत्रता का प्रत्येक अनुभव एक दर्पण के रूप में कार्य करता है जो न केवल उस व्यक्ति

को दर्शाता है जो मैं आज हूँ बल्कि उस महिला को भी दर्शाता है जो मैं बनना चाहती हूँ। जैसे-जैसे मैं इस प्रक्रिया से गुज़री, मैंने छिपी हुई ताकतों और प्रतिभाओं को खोजा, जिन्हें मैंने अनदेखा कर दिया था, जिसने सीमाओं को आगे बढ़ाने और उन सपनों को पूरा करने की आंतरिक इच्छा को जगाया जो पहुँच से बाहर लगते थे।

स्वतंत्रता की ओर छोटे-छोटे कदम उठाना सशक्त और ज्ञानवर्धक हो सकता है। यह आपके खुद के वित्तीय निर्णय लेने या अकेले यात्रा करने जितना आसान हो सकता है। नए कौशल सीखने के अवसर तलाशें, चाहे वह कोई नई रेसिपी बनाना हो, ब्लॉग शुरू करना हो या कोई क्लास लेना हो। हर छोटा-सा काम थोड़ा और आत्मविश्वास पैदा करता है और आपके बारे में थोड़ा और बताता है कि आप कौन हैं। स्वतंत्रता आत्म-खोज और सशक्तिकरण की यात्रा है। उस यात्रा को थाम लें और उसे आगे बढ़ने दें।

नये लक्ष्य निर्धारित करना

जीवन में आगे बढ़ने वाली एक महिला के रूप में, स्पष्ट लक्ष्य होने से मुझे अपनी ऊर्जा को केंद्रित करने और

अपने समय को प्राथमिकता देने में मदद मिल सकती है। मुझे याद है कि पहली बार जब मैंने अपने लिए एक लक्ष्य निर्धारित किया था; यह एक किताब को पूरा करना था जिसे मैं टाल रही थी। उस छोटे, अल्पकालिक लक्ष्य को निर्धारित करने से मेरे भीतर एक चिंगारी भड़क उठी। इसने मुझे एहसास दिलाया कि ये छोटे कदम बड़े सपनों को प्राप्त करने का मार्ग प्रशस्त कर सकते हैं। दीर्घकालिक लक्ष्य, जैसे कि अपना खुद का व्यवसाय शुरू करना या नए देशों की यात्रा करना, मेरे जीवन को उद्देश्य की भावना देते हैं। हर बार जब मैं एक अल्पकालिक लक्ष्य को पूरा करती हूँ, तो यह मेरी प्रेरणा को बढ़ाता है, मुझे उन बड़ी आकांक्षाओं के लिए प्रयास करने के लिए प्रेरित करता है। यह एक मानचित्र को देखने जैसा है जहाँ प्रत्येक गंतव्य मुझे मेरे अंतिम गंतव्य - मेरे सपनों के करीब लाता है। हर लक्ष्य, चाहे वह छोटा हो या बड़ा, मेरी यात्रा का आधार बन जाता है।

हर बार जब मैं अपने दीर्घकालिक दृष्टिकोण को छोटे, कार्रवाई योग्य मील के पत्थरों में तोड़ता हूं, तो मैं वहां पहुंचने के लिए एक रोडमैप बनाता हूं। रास्ते में छोटी-छोटी जीत की शक्ति को अपनाना महत्वपूर्ण है। इन मील के पत्थरों का जश्न मनाने से न केवल मेरा उत्साह

बढ़ता है, बल्कि मैं आगे आने वाली बड़ी चुनौतियों के लिए भी तैयार हो जाता हूं। उदाहरण के लिए, अगर मेरा लक्ष्य अपने स्वास्थ्य को बेहतर बनाना है, तो मैं रोजाना टहलने का संकल्प लेकर शुरुआत कर सकता हूं। एक बार जब मैं इसे हासिल कर लेता हूं, तो मैं धीरे-धीरे नए काम जोड़ सकता हूं, जैसे कि स्वस्थ भोजन पकाना या योग कक्षाएं आज़माना। यह चरण-दर-चरण दृष्टिकोण मुझे ट्रैक पर बने रहने में मदद करता है और मेरी यात्रा को कम बोझिल बनाता है। मुझे एहसास हुआ कि यह केवल अंतिम लक्ष्य तक पहुँचने के बारे में नहीं है, बल्कि इस प्रक्रिया का आनंद लेने और रास्ते में सीखने के बारे में भी है। मेरे द्वारा हासिल की गई प्रत्येक मील का पत्थर मेरे आत्मविश्वास को बढ़ाता है और मेरे विश्वास को मजबूत करता है कि मैं अपने सपनों को वास्तविकता में बदलने में सक्षम हूं।

नए लक्ष्य निर्धारित करने से जीवन में बहुत बड़ा बदलाव आ सकता है। सबसे महत्वपूर्ण बात यह समझना है कि छोटी शुरुआत करना बिल्कुल ठीक है। कोई ऐसी चीज़ खोजें जिसके बारे में आप भावुक हों और उसके लिए प्रतिबद्धता जताएँ। चाहे वह एक दिन में एक अध्याय पढ़ना हो या कोई नया शौक तलाशना हो, हर काम

मायने रखता है। जितना अधिक मैं इन लक्ष्यों को निर्धारित करता हूँ और उन्हें प्राप्त करता हूँ, उतना ही मैं अगली चुनौती से निपटने के लिए अपनी लचीलापन और क्षमता का निर्माण करता हूँ। मैंने जो व्यावहारिक सुझाव सीखा है वह यह है कि अपने लक्ष्यों को लिख लें और उन्हें नियमित रूप से दोहराएँ। यह मुझे जवाबदेह बनाए रखता है और मुझे अपनी प्रगति की याद दिलाता है। याद रखें, उठाया गया प्रत्येक कदम आपके सपनों को प्राप्त करने के करीब एक कदम है।

आत्म-खोज की यात्रा को अपनाना

नई रुचियों और शौक की खोज करना एक जीवन रेखा हो सकती है जो आपको अपने जुनून को फिर से खोजने में मदद करती है। रोज़मर्रा की भागदौड़ में फंस जाना आसान है, उन चीज़ों को नज़रअंदाज़ करना जो कभी खुशी और उत्साह लाती थीं। जब मैंने अपने कम्फर्ट ज़ोन से बाहर निकलने का फ़ैसला किया, तो मैंने पाया कि मैं उन चीज़ों को आज़मा रहा हूँ जो मैं हमेशा से करना चाहता था लेकिन कभी हिम्मत नहीं जुटा पाया। पेंटिंग से लेकर हाइकिंग तक, इन गतिविधियों ने मुझे खुद से फिर से जुड़ने का मौक़ा दिया, जिस तरह से मैं भूल गया था। प्रत्येक नई रुचि ने मुझे सिर्फ़ एक हुनर ही नहीं सिखाया;

इसने मेरे भीतर एक चिंगारी को फिर से जगाया, मुझे मेरी क्षमताओं और रचनात्मकता की सुंदरता की याद दिलाई। चाहे वह डांस क्लास में दाखिला लेना हो या बागवानी में हाथ आज़माना हो, खोजबीन में बिताया गया हर पल आपके उन हिस्सों को खोल सकता है जो लंबे समय से ज़िम्मेदारी या संदेह के बोझ तले दबे हुए थे।

यह हमेशा एक सीधी रेखा में चलने वाली यात्रा नहीं होती; इसमें ऐसे मोड़ और मोड़ आते हैं जो आपको डराने वाले लग सकते हैं, लेकिन हर कदम के साथ, आप अपने मूल्यों, ताकतों और जो आपको वास्तव में खुश करता है, उसके बारे में अधिक सीखते हैं। मुझे एहसास हुआ कि इस प्रक्रिया में भेद्यता को अपनाना एक आवश्यकता थी। भेद्यता ने खुद और दूसरों के साथ गहरे संबंधों के द्वार खोले। मैं अपनी भावनाओं, अपनी आकांक्षाओं और कभी-कभी अपने डर के बारे में अधिक जागरूक हो गया, ये सभी मेरे प्रामाणिक स्व के साथ प्रतिध्वनित होने वाले जीवन को गढ़ने के लिए आवश्यक थे। अचानक यह एहसास कि मेरे पास अपनी कहानी को आकार देने की शक्ति है, मुक्तिदायक था। इसने मुझे अपने भविष्य की जिम्मेदारी लेने और अपने वास्तविक स्वरूप के अनुरूप चुनाव करने की शक्ति दी।

इस यात्रा में हर अनुभव ने मुझे सिखाया है कि आत्म-खोज एक अंतिम लक्ष्य नहीं बल्कि एक सतत प्रक्रिया है। हर नए शौक, हर चिंतन और हर छोटी जीत के साथ, मैंने एक अधिक सार्थक और पूर्ण जीवन की नींव रखी है। इस यात्रा को अपनाने से मुझे पता चला है कि विकसित होना बिल्कुल ठीक है। हर हफ़्ते कुछ नया करने या अपने विचारों को जर्नल में लिखने जैसे व्यावहारिक सुझाव इस अन्वेषण को सुविधाजनक बना सकते हैं। याद रखें, ये छोटे कदम ही हैं जो बड़े बदलावों की ओर ले जाते हैं। सही समय का इंतज़ार न करें। खुद को अन्वेषण करने और विकसित होने की अनुमति दें।

अध्याय 8 - सामना करने के तरीके और आत्म-देखभाल

भावनाओं के लिए स्वस्थ माध्यम खोजना

भावनाओं को व्यक्त करने के स्वस्थ तरीकों की पहचान करना भावनात्मक स्वास्थ्य को बढ़ावा देने के लिए आवश्यक है। अक्सर, हम अपनी भावनाओं से अभिभूत महसूस कर सकते हैं, लेकिन कला या व्यायाम जैसी गतिविधियों की खोज करना एक अद्भुत राहत प्रदान कर सकता है। जब मैं पेंटिंग या स्केच करता हूं, तो ऐसा लगता है जैसे मेरी भावनाएं कैनवास पर उतर आई हैं, अराजकता को रंग में बदल दिया है। यह पता चला है कि रचनात्मकता न केवल मन, बल्कि शरीर को भी संलग्न करती है, जो जमा हुए तनाव को दूर करने में मदद करती है। चाहे वह पेंटब्रश उठाना हो, जर्नल में लिखना हो, या यहां तक कि कोई नया शिल्प आज़माना हो, ये कलात्मक आउटलेट हमारे अंतरतम विचारों और भावनाओं को तलाशने के लिए एक सुरक्षित स्थान प्रदान करते हैं। व्यायाम भी एक महत्वपूर्ण भूमिका निभाता है। नृत्य, योग या प्रकृति में सरल सैर के माध्यम से हमारे शरीर को हिलाने से हम नकारात्मक ऊर्जा को दूर भगा

सकते हैं और एंडोर्फिन के उत्पादन को बढ़ावा देते हैं, जिससे हमें खुशी का वह प्राकृतिक बढ़ावा मिलता है।

यह सिर्फ़ कुछ करने के बारे में नहीं है; यह उन गतिविधियों को चुनने के बारे में है जो हमारे दिल और दिमाग से मेल खाती हैं। उदाहरण के लिए, एक बगीचे की देखभाल करना मुझे मेरे आस-पास के जीवन से जोड़ता है, मुझे धैर्य और विकास सिखाता है, साथ ही मुझे प्यार और देखभाल व्यक्त करने की अनुमति देता है। खाना बनाना भी एक अभिव्यंजक आउटलेट हो सकता है, जहाँ मैं पौष्टिक भोजन बनाने में अपनी भावनाओं को डालता हूँ। बर्तन में हर बार हलचल एक मुक्ति की तरह महसूस होती है, मेरी भावनाओं को कुछ ठोस और स्वादिष्ट में बदलने का एक तरीका। इन गतिविधियों की खूबसूरती यह है कि वे न केवल हमें विचलित करती हैं बल्कि हमें अपनी भावनाओं को संसाधित करने में मदद करती हैं, जिससे हम अधिक गहराई से चिंतन कर पाते हैं। वे हमें अपनी मानसिकता बदलने में सक्षम बनाती हैं, हमारे अनुभवों से अधिक सकारात्मक कहानी गढ़ती हैं।

बाइबिल आधारित ईसाई प्रथाएँ

मेरे जीवन में कई बार ऐसा हुआ जब मैं पूरी तरह से खोया हुआ महसूस करता था, ऐसी चुनौतियों का सामना करता था जो दुर्गम लगती थीं। निराशा के उन क्षणों में ही मैंने अपने विश्वास की ओर रुख किया। बाइबिल की शिक्षाओं पर आधारित अनुष्ठान और अभ्यास मेरी शरण बन गए। पूजा-अर्चना के कार्यों में शामिल होना, चर्च जाना और सामुदायिक प्रार्थना में भाग लेना मुझे अपनेपन और समर्थन की भावना देता था। मैंने पाया कि अपने बोझ को साथी विश्वासियों के साथ साझा करने से न केवल मेरा बोझ हल्का हुआ बल्कि मेरी आत्मा भी समृद्ध हुई। इन अभ्यासों ने मसीह में मेरी पहचान की पुष्टि की और मुझे याद दिलाया कि मैं इस यात्रा में कभी अकेला नहीं था। विश्वास में बिताया गया हर पल मुझे शांति की भावना के करीब ले गया, जिससे मैं अपने संघर्षों की राख से नई ताकत के साथ उभरने में सक्षम हुआ। विश्वास में चलना, भले ही रास्ता अस्पष्ट हो, हमारे ठीक होने और फलने-फूलने की क्षमता को महत्वपूर्ण रूप से प्रभावित कर सकता है।

प्रार्थना के उन शांत क्षणों में, मुझे स्पष्टता और आश्वासन मिला। मुझे याद है कि एक दिन, विशेष रूप से बोझिल महसूस करते हुए, मैंने अपनी बाइबल खोली

और फिलिप्पियों 4:6-7 पढ़ा: किसी भी बात की चिंता मत करो, लेकिन हर परिस्थिति में, प्रार्थना और विनती के द्वारा, धन्यवाद के साथ, अपने निवेदन परमेश्वर के सामने रखो। ये शब्द एक गर्मजोशी भरे आलिंगन की तरह महसूस हुए, जो मुझे अपनी चिंताओं को त्यागने और उच्च योजना पर भरोसा करने की याद दिला रहे थे। शास्त्र की ओर मुड़ने के इस अभ्यास ने मुझे अपने उपचार को पोषित करते हुए आशा की खेती करने में सक्षम बनाया। अंशों पर ध्यान लगाने से मुझे अपनी परिस्थितियों पर गहराई से चिंतन करने का मौका मिला, जिससे मुझे ऐसी अंतर्दृष्टि मिली जो मैंने पहले नहीं देखी थी। यह स्पष्ट हो गया कि मेरी लड़ाइयाँ आशीर्वाद की ओर ले जा सकती हैं, और यह कि मेरे संघर्ष परमेश्वर की योजना में एक बड़े उद्देश्य की पूर्ति कर सकते हैं। शास्त्र को मेरा मार्गदर्शन करने की अनुमति देकर, मैंने अनुग्रह और विश्वास के साथ दर्द से गुजरना सीखा।

प्रार्थना और शास्त्रों की दैनिक दिनचर्या बनाना व्यक्तिगत विकास और उपचार के लिए एक शक्तिशाली आधार के रूप में काम कर सकता है। यहां तक कि हर दिन बस कुछ मिनटों से शुरू करने से आपकी मानसिकता बदल सकती है और परिवर्तनकारी अनुभवों की ओर ले जा

सकती है। अपनी यात्रा को ट्रैक करने के लिए अपने विचारों और प्रार्थनाओं का एक जर्नल रखने पर विचार करें। अपने अभ्यास के दौरान जब आप ईश्वर की उपस्थिति महसूस करते हैं, तो उन क्षणों को रिकॉर्ड करें और इस बात पर विचार करें कि यह संबंध आपकी रिकवरी को कैसे आकार देता है। यह इन सरल, लगातार कार्यों में है कि हम ताकत, आशा और अंततः उपचार पाते हैं।

एक ईसाई सहायता नेटवर्क का निर्माण

महिलाओं का एक समूह होना जो आपकी यात्रा को समझते हैं, परिवर्तनकारी हो सकता है। ये रिश्ते न केवल संगति प्रदान करते हैं बल्कि ज्ञान और प्रोत्साहन भी देते हैं जो आपको जीवन की चुनौतियों से निपटने में मदद कर सकते हैं। जब हम एक साथ इकट्ठा होते हैं, चाहे चर्च की सेटिंग में, एक छोटे समूह में, या यहाँ तक कि ऑनलाइन भी, हम एक ऐसा माहौल बनाते हैं जहाँ प्यार और समर्थन पनपता है। मुझे याद है कि पहली बार मैंने स्थानीय महिलाओं के बाइबल अध्ययन में भाग लिया था। समूह की गर्मजोशी और खुलेपन ने मुझे तुरंत स्वागत का एहसास कराया। यह कई खूबसूरत दोस्ती

की शुरुआत थी जिसने आखिरकार मुझे पिछले दुखों से उबरने और अपने विश्वास के साथ गहरा संबंध बनाने में मदद की। हर बार जब हम मिले, हमने अपने संघर्षों, अपनी आशाओं और अपने सपनों को साझा किया, जिससे ईश्वर की कृपा हमारे माध्यम से प्रवाहित हुई और हमारे बंधन मजबूत हुए। साथ में, हमने प्रार्थना की, एक-दूसरे को प्रोत्साहित किया और अपने विकास का जश्न मनाया, हमें याद दिलाया कि हम इस यात्रा में कभी अकेले नहीं हैं।

खुलकर बात करना और दूसरों को अपनी असलियत, अपने संघर्षों और अपनी जीत को दिखाने देना अविश्वसनीय रूप से शक्तिशाली है। अपने जीवन में, जब मैंने चर्च में अपने दोस्तों के साथ चिंता पर काबू पाने की अपनी कहानी साझा की, तो मुझे यह जानकर आश्चर्य हुआ कि उनमें से कई ने इसी तरह की लड़ाइयों का सामना किया था। इस रहस्योद्घाटन ने तुरंत एक संबंध स्थापित किया। हमने न केवल एक-दूसरे के साथ सहानुभूति व्यक्त की; हमने एक मजबूत समर्थन प्रणाली बनाई जिसने हमें कमज़ोरियों में पाई जाने वाली ताकत की याद दिलाई। इसने मुझे सिखाया कि हमारी कहानियाँ, हालाँकि अनोखी हैं, एक-दूसरे के साथ गहन

तरीके से प्रतिध्वनित होती हैं। जब हम अपने अनुभवों के बारे में खुलकर बात करते हैं, तो हम दूसरों को अपने अनुभव साझा करने के लिए आमंत्रित करते हैं, जिससे विश्वास और दोस्ती की एक खूबसूरत तस्वीर बनती है। जब हम एक-दूसरे की बात सुनते हैं, तो हम न केवल सीखते हैं बल्कि एक-दूसरे को प्रोत्साहित और उत्साहित भी करते हैं, जिससे समझ और विश्वास पर आधारित समुदाय का निर्माण होता है।

आखिरकार, एक सहायता नेटवर्क बनाने का मतलब है ऐसी जगहें बनाना जहाँ महिलाएँ एक साथ मिलकर विश्वास में बढ़ सकें, मदद कर सकें और एक-दूसरे का उत्थान कर सकें। अपने मूल्यों और विश्वासों को साझा करने वाले अन्य लोगों से जुड़ने के अवसरों की तलाश करना ज़रूरी है। जब आपको ऐसे पोषण करने वाले समुदाय मिलें, तो खुलकर बात करने, अपने अनुभव साझा करने और दूसरों को भी ऐसा करने के लिए आमंत्रित करने में संकोच न करें। याद रखें, संपर्क का हर पल विकास और उपचार का अवसर है।

अध्याय 9 - शिक्षा के माध्यम से स्वयं को सशक्त बनाना

ज्ञान की शक्ति

विभिन्न विषयों के बारे में ज्ञान प्राप्त करना आपके आत्मविश्वास और निर्णय लेने की क्षमताओं के लिए एक गेम-चेंजर हो सकता है। हर नए तथ्य और कौशल के साथ मैं थोड़ा लंबा और थोड़ा मजबूत महसूस करता हूं। ऐसा लगता है जैसे मैं खुद को अदृश्य कवच से लैस कर रहा हूं जो मुझे आत्म-संदेह और अनिश्चितता से बचाता है। कल्पना कीजिए कि आप किसी कमरे में दूसरों से भयभीत महसूस किए बिना, बल्कि जो आप जानते हैं उससे सशक्त महसूस करते हुए प्रवेश कर रहे हैं। चाहे वह वित्त की मूल बातें समझना हो, कोई नई रेसिपी बनाना सीखना हो या किसी नई तकनीक में महारत हासिल करना हो, ज्ञान का प्रत्येक टुकड़ा मेरे आत्म-मूल्य में वृद्धि करता है। जब आपके पास तथ्य होते हैं तो सूचित निर्णय लेना आसान हो जाता है। हर बार जब मैंने ठोस जानकारी के आधार पर कोई विकल्प चुना है, तो मुझे सशक्तीकरण की लहर महसूस हुई है। यह जानना मुक्तिदायक है कि मैं अपने जीवन को

नियंत्रित कर रहा हूँ और मेरे निर्णय केवल भाग्यशाली अनुमान नहीं हैं - वे ज्ञान से प्रेरित शिक्षित विकल्प हैं।

अपने अधिकारों और मेरे लिए उपलब्ध संसाधनों को समझना मेरे जीवन पर नियंत्रण पाने का एक अमूल्य हिस्सा है। खास तौर पर महिलाओं के तौर पर, यह जानना महत्वपूर्ण है कि हम विभिन्न क्षेत्रों में क्या पाने के हकदार हैं, चाहे वह काम पर हो, हमारे निजी जीवन में हो या हमारे समुदायों में हो। जब मैंने कार्यस्थल पर समानता और सुरक्षा के बारे में अपने अधिकारों के बारे में जाना, तो इसने पेशेवर जगहों पर नेविगेट करने के मेरे दृष्टिकोण को बदल दिया। मैं चर्चाओं के दौरान अधिक मुखर हो गई, यह जानते हुए कि मेरे पीछे रूपरेखाएँ और सुरक्षाएँ हैं। सामुदायिक संसाधनों तक पहुँच - न केवल कानूनी बल्कि भावनात्मक और व्यावहारिक समर्थन - का मतलब है कि मेरे पास विकल्प हैं। यह महसूस करना कि मैं मानसिक स्वास्थ्य, शैक्षिक अवसरों या यहाँ तक कि स्थानीय समूहों के लिए सेवाओं का लाभ उठा सकती हूँ जो मेरे हितों के अनुरूप हैं, मुझे अपनेपन और ताकत का एहसास कराता है। मैं अब सिर्फ़ जीवन को सहन नहीं कर रही हूँ; मैं इसे सक्रिय रूप से आकार दे रही हूँ और अपनी शक्ति को समझ रही हूँ। जब आप जानते हैं कि

आप क्या पाने के हकदार हैं, तो इसकी माँग करना आसान हो जाता है।

मैं जो भी ज्ञान अर्जित करती हूँ, वह न केवल मेरे व्यक्तिगत टूलसेट में जुड़ता है, बल्कि मुझे दूसरों के साथ साझा करने के लिए भी प्रेरित करता है। अपने आस-पास के लोगों को सशक्त बनाना मेरी यात्रा का स्वाभाविक विस्तार बन जाता है। बोलकर और अपना ज्ञान साझा करके, मैं महिलाओं का एक समुदाय बनाने में मदद करती हूँ जो एक-दूसरे का उत्थान करती हैं। अगर आपको कभी इस बात को लेकर अनिश्चितता हो कि कहाँ से शुरुआत करें, तो कोई ऐसा विषय चुनें जो आपको दिलचस्प लगे और उसमें डूब जाएँ। चाहे वह कार्यशालाओं में भाग लेना हो, किताबें पढ़ना हो या बस चर्चाओं में शामिल होना हो, ज्ञान का मार्ग विविध है और सभी के लिए खुला है। जैसे-जैसे मैं सीखती और बढ़ती जाती हूँ, मुझे एहसास होता है कि ज्ञान सिर्फ़ शक्ति नहीं है - यह जीवन के हर पहलू में स्वतंत्रता और आत्मविश्वास का पुल है।

कौशल विकास और कार्यशालाएं

हर बार जब मैं किसी कार्यशाला में भाग लेती हूँ, तो मैं अपने आत्मविश्वास को बढ़ता हुआ महसूस कर सकती हूँ। ये सत्र अक्सर हम जैसी महिलाओं को खुद को अभिव्यक्त करने, सवाल पूछने और एक-दूसरे से सीखने के लिए एक सुरक्षित स्थान प्रदान करते हैं। ऐसे लोगों से घिरे रहना अविश्वसनीय है जो समान लक्ष्य और आकांक्षाएँ साझा करते हैं। कार्यशालाएँ हमें नए विचारों, कौशल और दृष्टिकोणों से परिचित कराती हैं, न केवल हमारी क्षमताओं को बल्कि हमारे सोचने के तरीके को भी बदल देती हैं। जब मैंने इनमें से एक सत्र में सार्वजनिक बोलने के बारे में सीखा, तो मुझे अपने भीतर एक ऐसी शक्ति का पता चला जिसके बारे में मुझे पहले पता नहीं था। इस नए कौशल ने मुझे पेशेवर और व्यक्तिगत दोनों ही स्थितियों में अपने विचारों को अधिक स्पष्ट और मुखर रूप से प्रस्तुत करने की अनुमति दी। प्रत्येक कार्यशाला एक नया रोमांच है, एक ऐसा कदम जो हमें आत्म-सुधार की हमारी यात्रा में आगे बढ़ाता है।

मुझे याद है कि पहली बार मैंने एक ऐसा कौशल हासिल किया था जो सीधे नौकरी की ओर ले गया। यह एक विशेष रूप से रोमांचकारी क्षण था। अचानक, अभ्यास करने और नई अवधारणाओं के साथ जूझने में बिताई

गई देर रातें फल देने लगीं। कोडिंग, ग्राफिक डिज़ाइन या यहाँ तक कि व्यक्तिगत वित्त जैसे कौशल हमारे जीवन को बदल सकते हैं, हमें अधिक रोजगार योग्य बना सकते हैं और हमें अपने मूल्यों के अनुरूप विकल्प चुनने की स्वतंत्रता दे सकते हैं। विविध कौशल सेट होने से न केवल हमारे रिज्यूमे में सुधार होता है बल्कि हमें सशक्तीकरण की भावना भी मिलती है। यह नई संभावनाओं की कुंजी को पकड़ने जैसा है। जब भी मैं चुनौतियों का सामना करता हूँ, तो मैं खुद को याद दिलाता हूँ कि जब भी मैं कुछ नया सीखता हूँ, तो मैं अपने भविष्य में निवेश कर रहा होता हूँ। यह एक शक्तिशाली एहसास है जिसे कोई भी मुझसे नहीं छीन सकता।

कौशल विकास के अवसरों को अपनाकर आप अपने सपनों को हकीकत में बदल सकते हैं। मैं आपको उन कार्यशालाओं में भाग लेने के लिए आमंत्रित करता हूँ जो आपकी रुचियों और लक्ष्यों से मेल खाती हों। ध्यान रखें कि सीखने में बिताया गया हर मिनट अधिक आत्मनिर्भरता, अधिक संतुष्टिदायक नौकरी की संभावनाओं और अधिक आत्मविश्वासी बनने की दिशा में एक कदम है। अपने समुदाय या ऑनलाइन ऐसे

कार्यक्रमों की तलाश करें जो आपके जुनून को जगाएँ। दुनिया बहुत बड़ी है और संभावनाएँ अनंत हैं। आज ही अपने आप से प्रतिबद्धता करें; आप इसके लायक हैं।

ऑनलाइन शिक्षण संसाधनों का उपयोग

ऑनलाइन सीखने की खूबसूरती यह है कि यह हमारे व्यस्त जीवन में सहजता से फिट बैठता है, खासकर उन महिलाओं के लिए जो अक्सर कई ज़िम्मेदारियों को एक साथ निभाती हैं। मुझे याद है जब मैंने पहली बार अपनी उंगलियों पर उपलब्ध ज्ञान के भंडार की खोज की थी। आकर्षक TED टॉक से लेकर व्यापक ऑनलाइन पाठ्यक्रमों तक, मैं इस बात से चकित थी कि मैं कितनी आसानी से उन विषयों में गोता लगा सकती थी जो मेरी जिज्ञासा को जगाते थे। मुझे क्या, कब और कैसे सीखना है, यह चुनने की आज़ादी सशक्त बनाने वाली थी। मैंने अपनी खुद की शैक्षिक यात्रा तैयार की, अपने करियर की आकांक्षाओं या व्यक्तिगत जुनून से संबंधित विषयों को चुना। इस लचीलेपन ने मेरे भीतर एक नई आग जलाई, मुझे याद दिलाया कि मैं हमेशा आगे बढ़ सकती हूँ और अपने आपको ढाल सकती हूँ, चाहे मैं जीवन में किसी भी स्थिति में क्यों न खड़ी हो। विकल्प बहुत हैं, और चुनाव आपका है - चाहे वह एक छोटा

ट्यूटोरियल हो या पूरा डिग्री प्रोग्राम, ऑनलाइन संसाधन आपकी जीवनशैली के अनुकूल होते हैं।

डिजिटल रूप से जुड़ी हमारी दुनिया में, हम भाग्यशाली हैं कि हमारे पास ऐसे उपकरण हैं जो सीखने के ऐसे द्वार खोलते हैं जो पहले अकल्पनीय थे। कल्पना कीजिए कि आप दुनिया के आधे हिस्से से किसी प्रसिद्ध विशेषज्ञ द्वारा संचालित कार्यशाला में भाग ले सकें, वह भी अपने घर बैठे। ज्ञान के इस लोकतंत्रीकरण का मतलब है कि शिक्षा अब पारंपरिक संस्थानों की दीवारों तक सीमित नहीं है। मैं अक्सर खुद को याद दिलाता हूं कि मेरे लैपटॉप पर हर क्लिक या मेरे फोन पर टैप मुझे अंतर्दृष्टि के खजाने तक ले जा सकता है। सोशल मीडिया प्लेटफ़ॉर्म, ई-बुक्स, वेबिनार और पॉडकास्ट ने हमारे सीखने के परिदृश्य को बदल दिया है। मैंने पाया कि प्रेरक शिक्षकों और विचारकों का अनुसरण करके, मेरा दैनिक आवागमन या काम का समय ज्ञानोदय के अवसर बन गया। प्रौद्योगिकी आजीवन सीखने वालों के एक समुदाय को बढ़ावा देती है, जहाँ ज्ञान स्वतंत्र रूप से बहता है और प्रेरणा की कोई सीमा नहीं होती है।

अध्याय 10. पेशेवर मदद पाना

थेरेपी कब लें?

अपनी भावनाओं और संघर्षों को अनदेखा करना अक्सर आसान होता है, यह सोचकर कि हम सब कुछ अपने आप संभाल सकते हैं। हालाँकि, एक समय ऐसा आता है जब हमारे सामने आने वाली चुनौतियाँ भारी लगने लगती हैं। हो सकता है कि आप खुद को सामान्य से ज़्यादा समय तक उदास महसूस करते हों, या शायद चिंता आपके दैनिक जीवन में घुसने लगी हो, जिससे साधारण काम भी बहुत बड़े लगने लगे हों। इन भावनाओं को स्वीकार करना कमज़ोरी की निशानी नहीं है; बल्कि, यह एक महत्वपूर्ण अहसास है कि आप मदद के हकदार हैं। थेरेपी लेने का मतलब यह नहीं है कि आप टूट चुके हैं; इसका मतलब बस इतना है कि आप यह पहचानने के लिए पर्याप्त साहसी हैं कि जीवन की जटिलताओं से निपटने के लिए आपको किसी और की ज़रूरत है। यह खुद को बेहतर ढंग से समझने और अपनी खुशी वापस पाने की दिशा में एक सक्रिय कदम है।

थेरेपी बिना किसी निर्णय के आपके विचारों और भावनाओं का पता लगाने के लिए एक सुरक्षित स्थान

प्रदान करती है। यह व्यवहार के उन पैटर्न को अनलॉक करने की कुंजी हो सकती है जो अब आपके काम के नहीं हैं। कई महिलाओं को लगता है कि जितना अधिक वे अपनी भावनाओं और अनुभवों को समझती हैं, उतना ही अधिक वे अपने जीवन पर नियंत्रण पाती हैं। साथ ही, जितनी जल्दी आप थेरेपी की तलाश करेंगे, चुनौतियों से निपटने में उतनी ही आसानी होगी, इससे पहले कि वे बढ़ जाएँ। यह खुद में निवेश करने का एक तरीका है; अपने मानसिक स्वास्थ्य का पोषण करना उतना ही महत्वपूर्ण है जितना कि अपने शारीरिक स्वास्थ्य का ध्यान रखना। याद रखें, आपकी भावनाएँ वैध हैं। थेरेपी की ओर कदम बढ़ाना आपकी भलाई के प्रति प्रतिबद्धता और यह समझ दिखाता है कि मदद माँगना एक साहसी कदम है। शायद आज वह कदम उठाने का सही दिन है। खुद को और अपनी उपचार यात्रा को प्राथमिकता दें।

चिकित्सा के प्रकार और उनके लाभ

थेरेपी एक ऐसा उपाय नहीं है जो सभी के लिए एक जैसा हो; यह एक खजाने की तरह है जिसमें अलग-अलग उपकरण भरे हुए हैं, जिनमें से प्रत्येक को अलग-अलग चुनौतियों के लिए तैयार किया गया है। आप खुद को संज्ञानात्मक-व्यवहार चिकित्सा की ओर आकर्षित पा

सकते हैं, जो नकारात्मक विचार पैटर्न को बदलने पर ध्यान केंद्रित करती है, या शायद आप कला चिकित्सा के कोमल मार्गदर्शन से सहमत हों, जहाँ रचनात्मकता उपचार का मार्ग बन जाती है। जैसे-जैसे मैंने अपनी खुद की कल्याण यात्रा की, मैंने विविध उपचारों को समझने में समृद्धि की खोज की। कुछ सत्रों में भावनाओं और अनुभवों के बारे में बात करना शामिल हो सकता है, जबकि अन्य में आंदोलन या माइंडफुलनेस तकनीकों को प्रोत्साहित किया जा सकता है। यह इस बात को समझने के बारे में है कि सही फिट आपके व्यक्तिगत परिवर्तन को बढ़ा सकता है, जिससे उपचार यात्रा बहुत अधिक ज्वलंत और प्रभावशाली हो जाती है।

अपने मानसिक स्वास्थ्य को प्राथमिकता देने के लिए आप जो भी प्रयास करते हैं, वह अधिक आत्म-जागरूकता और सशक्तीकरण की ओर एक कदम है। थेरेपी एक सुरक्षित आश्रय प्रदान करती है जहाँ भावनाओं को बिना किसी निर्णय के स्वीकार किया जाता है। इस प्रक्रिया की खूबसूरती विकास की क्षमता में है - पुराने घावों को भरना, स्वस्थ मुकाबला करने की रणनीतियाँ विकसित करना और यहाँ तक कि रिश्तों को बेहतर बनाना। आप पा सकते हैं कि मार्गदर्शन से आपके

डर कम हो जाते हैं, या जब आप सीमाएँ निर्धारित करना सीखते हैं तो आपका आत्म-मूल्य का भाव मजबूत होता है। समर्थन की अपनी ज़रूरत को मान्य करना कमज़ोरी का संकेत नहीं है; यह आपकी ताकत की पुष्टि है। खुद को थेरेपी अपनाने की अनुमति देकर, आप सिर्फ़ ठीक होने की कोशिश नहीं कर रहे हैं; आप पनपने का विकल्प चुन रहे हैं।

विभिन्न चिकित्सीय पद्धतियों का उपयोग करने से आप अधिक आत्म-खोज की ओर अग्रसर हो सकते हैं। प्रत्येक तकनीक आपके जीवन के विभिन्न पहलुओं पर प्रकाश डाल सकती है, जिससे आपको समझ और अंतर्दृष्टि की परतों को उजागर करने में मदद मिलती है। जब आप थेरेपी से जुड़ने का साहसी कदम उठाते हैं, तो इसे विकल्पों के बुफे की तरह अपनाने पर विचार करें। विभिन्न प्रकारों का नमूना लें - चाहे वह समूह थेरेपी हो, जहाँ साझा अनुभव संबंध को बढ़ावा देते हैं, या व्यक्तिगत थेरेपी, जो आपके लिए विशेष रूप से अनुकूलित व्यक्तिगत अंतर्दृष्टि प्रदान करती है। जितना अधिक सक्रिय रूप से आप खोज करेंगे, आप अपनी यात्रा में उतने ही सशक्त बनेंगे। याद रखें, यह पूर्णता के बारे में नहीं है; यह प्रगति के बारे में है। अनुभव के लिए

खुले रहने से शुरुआत करें, और हो सकता है कि आपको वह परिवर्तनकारी मार्ग मिल जाए जो आपकी आत्मा के साथ प्रतिध्वनित हो।

सही थेरेपिस्ट का चयन कैसे करें

किसी ऐसे व्यक्ति को ढूंढना बहुत महत्वपूर्ण है जिसके पास न केवल पेशेवर योग्यता हो बल्कि वह आपकी कहानी से भी जुड़ता हो। आप ऐसे चिकित्सक के साथ अधिक सहज महसूस कर सकते हैं, जिसे चिंता, आघात या यहाँ तक कि विशिष्ट सांस्कृतिक पृष्ठभूमि जैसे मुद्दों का अनुभव हो। यह आपकी सच्चाई को साझा करने की प्रक्रिया को अधिक स्वाभाविक और कम कठिन बनाता है। जब आप उस गर्मजोशी भरे और स्वागत करने वाले कार्यालय में कदम रखते हैं, तो आपको ऐसा महसूस होना चाहिए कि आप किसी ऐसे व्यक्ति से मिल रहे हैं जो आपको वैसे ही देखता है जैसे आप वास्तव में हैं। उन्हें आपके संघर्षों के साथ सहानुभूति रखने और आपकी भावनाओं को मान्य करने में सक्षम होना चाहिए। ऐसे चिकित्सकों की तलाश करें जो उन क्षेत्रों में विशेषज्ञ हों जिनमें आपको सहायता की आवश्यकता है, और उनसे संपर्क करने पर विचार करें। कई प्रारंभिक परामर्श प्रदान

करते हैं, जो उनकी शैली और दृष्टिकोण को समझने का एक शानदार अवसर हो सकता है।

निर्णय लेते समय हम अक्सर अपनी अंतरात्मा की भावना को अनदेखा कर देते हैं। जब आप किसी संभावित चिकित्सक से मिलते हैं, तो ध्यान दें कि आप उनकी उपस्थिति में कैसा महसूस करते हैं। क्या आपको लगता है कि आपकी बात सुनी और समझी गई है? क्या आपके अंदर गर्मजोशी की भावना है जो आपको अपनी कहानी साझा करने के लिए प्रेरित करती है? अगर कुछ गलत लगता है, तो उस अंतर्ज्ञान पर भरोसा करना और किसी और की तलाश करना ठीक है। उपचारात्मक संबंध बहुत महत्वपूर्ण है, और यह विश्वास और सुरक्षा पर आधारित है। याद रखें, यह आपकी यात्रा है, और आप सहज और मूल्यवान महसूस करने के हकदार हैं। अपनी सहज प्रवृत्ति को सुनना सशक्त हो सकता है; यह आपकी ज़रूरतों का सम्मान करने और आपकी भलाई को प्राथमिकता देने का एक तरीका है। आपका हर कदम उपचार की दिशा में एक कदम है, और सही चिकित्सक चुनना उस यात्रा का एक शक्तिशाली हिस्सा है। जैसे-जैसे आप अलग-अलग विकल्पों की खोज करते हैं, सही

सहयोगी को खोजने की अपनी क्षमता में खुले, जिज्ञासु और आश्वस्त रहें।

थेरेपिस्ट की तलाश करते समय, इस बात पर विचार करने के लिए समय निकालें कि आपके लिए कौन से गुण सबसे महत्वपूर्ण हैं। आपको अपने विचारों को लिखना या किसी ऐसे व्यक्ति के साथ चर्चा करना मददगार लग सकता है जिस पर आप भरोसा करते हैं। यह आपके दृष्टिकोण और ज़रूरतों को स्पष्ट कर सकता है, जिससे खोज अधिक केंद्रित हो जाती है। याद रखें, लक्ष्य आपकी उपचार प्रक्रिया में एक साझेदारी बनाना है, जहाँ आपका चिकित्सक आपकी भावनाओं, विचारों और अनुभवों को समझने के दौरान आपका समर्थन करता है। अपनी शुरुआती मुलाकातों के दौरान सवाल पूछने में संकोच न करें, और पता लगाएँ कि आपके लिए क्या सही लगता है। उपचार एक दौड़ नहीं है; यह एक व्यक्तिगत यात्रा है जो आपके सम्मान और ध्यान की हकदार है।

अध्याय 11 - नए रिश्तों की खोज

पुनः विश्वास करना: स्वस्थ रिश्तों की ओर कदम

नए रिश्तों के लिए एक पोषण स्थान बनाने में विश्वास को फिर से बनाने के लिए धीरे-धीरे कदम उठाना ज़रूरी है। यह समझना ज़रूरी है कि विश्वास ऐसी चीज़ नहीं है जिसे हम रातों-रात बहाल कर सकते हैं; यह एक ऐसी यात्रा है जिसके लिए धैर्य और समर्पण की आवश्यकता होती है। जब हम विश्वास की दिशा में छोटे-छोटे, जानबूझकर कदम उठाते हैं, तो हम एक सुरक्षित वातावरण बनाते हैं जहाँ दोनों पक्ष आगे बढ़ सकते हैं। अपने और दूसरों के लिए यथार्थवादी अपेक्षाएँ निर्धारित करके शुरुआत करें। पहचानें कि विश्वास बनाने में हर किसी की अपनी गति होती है। किसी को जानने के लिए समय निकालना आरामदायक और मुक्तिदायक हो सकता है। अपने बारे में थोड़ा-बहुत साझा करें, साथ ही उन्हें भी ऐसा करने के लिए प्रोत्साहित करें। यह देना-लेना सम्मान और समझ का माहौल बनाता है। जैसे-जैसे आप धीरे-धीरे ज़्यादा साझा करेंगे, आप देखेंगे कि कैसे भेद्यता गहरे संबंधों को जन्म दे सकती है, जिससे आप अपने नए रिश्तों में ज़्यादा सुरक्षित महसूस कर पाएँगे।

खुलेपन और संचार को बढ़ावा देना सार्थक संबंधों के लिए एक महत्वपूर्ण मार्ग है। जब हम ईमानदारी और पारदर्शिता को अपनाते हैं, तो हम मजबूत नींव बनाते हैं जो रिश्तों को पनपने देती है। अपने डर या पिछले अनुभवों के बारे में खुलकर बात करने से आपको दूसरों के साथ समान आधार खोजने में मदद मिल सकती है, जिससे आपकी बातचीत अधिक वास्तविक हो सकती है। ऐसे पल बनाना महत्वपूर्ण है जहाँ आप दोनों खुलकर संवाद कर सकें। नियमित रूप से एक-दूसरे से संपर्क करें, गहरी बातचीत के लिए समय निकालें और प्रतिक्रिया को प्रोत्साहित करें। उनके विचारों और भावनाओं में वास्तविक रुचि दिखाएँ, और बिना किसी निर्णय के अपने विचारों को साझा करने के लिए तैयार रहें। यह अभ्यास न केवल भावनात्मक अंतरंगता को मजबूत करता है बल्कि यह भी सुनिश्चित करता है कि गलतफहमियों को बड़े मुद्दों में बढ़ने से पहले ही सुलझा लिया जाए। खुली बातचीत को प्राथमिकता देकर, आप अधिक समृद्ध और सहायक रिश्ते का मार्ग प्रशस्त करते हैं।

याद रखें कि विश्वास का पुनर्निर्माण और खुलेपन को बढ़ावा देना एक प्रक्रिया है, और इसे एक बार में एक

कदम उठाना पूरी तरह से ठीक है। अपनी यात्रा को पोषित करने के लिए एक व्यावहारिक सुझाव एक जर्नल रखना है। अपनी भावनाओं, अनुभवों और रास्ते में मिली छोटी-छोटी जीतों को दस्तावेज़ित करें। यह तकनीक आपके विचारों को स्पष्ट करने, आपकी प्रगति को सुदृढ़ करने और आपको याद दिलाने में मदद कर सकती है कि आप कितनी दूर आ गए हैं। प्रत्येक प्रविष्टि आपके लचीलेपन के लिए एक वसीयतनामा और एक मार्गदर्शक के रूप में काम करेगी क्योंकि आप स्वस्थ संबंध बनाने के उतार-चढ़ाव को नेविगेट करते हैं।

लाल झंडों को पहचानना

मैंने सीखा है कि इन चेतावनी संकेतों को पहचानना आत्म-संरक्षण के लिए आवश्यक है। लाल झंडे वे सूक्ष्म संकेत, भावनाएँ या व्यवहार हैं जो संकेत देते हैं कि कुछ सही नहीं हो सकता है। वे साथी के नियंत्रित व्यवहार से लेकर आपकी सीमाओं का सम्मान करने में असमर्थता तक हो सकते हैं। अपने अंतर्ज्ञान पर भरोसा करें - अगर कुछ गलत लगता है, तो शायद ऐसा ही है। यह ध्यान देना महत्वपूर्ण है कि कोई व्यक्ति न केवल आपके साथ बल्कि दूसरों के साथ भी कैसा व्यवहार करता है। एक व्यक्ति जो अपने दोस्तों या परिवार के बारे में बुरा

बोलता है, वह एक दिन आपके बारे में भी ऐसा ही कर सकता है। यह समझना कि अनुचित व्यवहार क्या है, स्वस्थ संबंधों की नींव रखने में मदद करता है। जब आप इन संकेतों को जल्दी पहचान लेते हैं, तो आप अपने आप को इस बारे में सूचित निर्णय लेने के लिए सशक्त बनाते हैं कि आपके जीवन में कौन जगह पाने का हकदार है।

आपके पास एक आंतरिक दिशासूचक है जो दूसरों के साथ बातचीत के दौरान आपका मार्गदर्शन करता है। अक्सर, हम असहजता या झिझक की उन शुरुआती भावनाओं को नज़रअंदाज़ कर देते हैं, लेकिन उन सहज ज्ञान को सुनना ज़रूरी है। अगर कोई नया परिचित आकर्षक और मिलनसार लगता है, लेकिन आपको उनकी कहानियों में छोटी-छोटी असंगतियाँ नज़र आती हैं, तो उस अंतर्ज्ञान को नज़रअंदाज़ न करें। यह वास्तव में क्या हो रहा है, इस पर चिंतन करने का संकेत है। लाल झंडों को पहचानना सिर्फ़ परेशानी से बचने के बारे में नहीं है; यह अपने स्वयं के मूल्य को स्वीकार करने के बारे में भी है। आप सम्मान, प्यार और दयालुता के साथ व्यवहार किए जाने के हकदार हैं। एक पल के लिए देखें कि कोई व्यक्ति विभिन्न स्थितियों में कैसे प्रतिक्रिया करता है—तनाव में, जब उन्हें अपनी बात मनवाने में

परेशानी होती है, और जब वे असहज होते हैं। ये प्रतिक्रियाएँ शब्दों से कहीं ज़्यादा उनके असली चरित्र को उजागर करती हैं। याद रखें, अगर कोई आपके मूल्यों के साथ तालमेल नहीं बिठा पाता है या आपको कमतर महसूस कराता है, तो पीछे हटना और फिर से मूल्यांकन करना हमेशा ठीक होता है।

रिश्तों में, अपनी भावनात्मक सुरक्षा को प्राथमिकता देना महत्वपूर्ण है। एक डायरी रखें जहाँ आप कुछ लोगों और उनके कार्यों के बारे में अपनी भावनाओं को व्यक्त कर सकें। अपने विचारों को लिखने से आपको अपनी प्रवृत्ति को स्पष्ट करने और व्यवहार में पैटर्न को पहचानने में मदद मिलेगी। खुद से जुड़े रहने और आत्म-चिंतन का अभ्यास करने से, आप किसी भी लाल झंडे को आसानी से पहचान लेंगे। सीमाएँ निर्धारित करने, सहायता लेने या ऐसे रिश्ते से दूर जाने में कभी देर नहीं होती जो आपके सर्वोत्तम हित में नहीं है। खुद को समझने और सम्मान देने की आपकी यात्रा सबसे बड़ा उपहार है जो आप खुद को दे सकते हैं। बुद्धिमानी से चुनें; आप उस प्यार के हकदार हैं जो आपके जीवन को सार्थक तरीकों से समृद्ध करता है।

मजबूत संचार कौशल का निर्माण

प्रत्येक वार्तालाप हमारे और उन लोगों के बीच की खाई को पाटने का एक अवसर है जिनकी हम परवाह करते हैं। जब मैंने अपने संचार कौशल पर ध्यान देना शुरू किया, तो मैंने देखा कि कैसे स्पष्टता ने मेरी बातचीत को बदल दिया। गलतफहमियों के बढ़ने का इंतज़ार करने के बजाय, मैंने अपने विचारों और भावनाओं को खुलकर व्यक्त करना सीखा। पारदर्शिता को अपनाने से विश्वास का निर्माण हुआ और दूसरों को भी अपनी सच्चाई साझा करने के लिए प्रोत्साहित किया। मैंने अधिक सक्रिय रूप से सुनना भी शुरू कर दिया, जिससे मेरे प्रियजनों को मूल्यवान महसूस हुआ। जब हम बिना किसी बाधा के सुनते हैं, तो हम न केवल दूसरे व्यक्ति के बारे में अधिक सीखते हैं, बल्कि उनके दृष्टिकोण और भावनाओं की भी सराहना करते हैं। अपनी बातचीत को पोषित करने की ओर इस बदलाव ने मेरे रिश्तों को अधिक जीवंत और पूर्ण बना दिया है, और मैंने देखा है कि दूसरे लोग भी मेरे प्रति उसी ईमानदारी को दर्शाते हैं।

जब मैं अपनी संचार शैली के बारे में अधिक जागरूक हो गया, तो यह एक अंधेरे कमरे में रोशनी जलाने जैसा था। जब हम दयालुता और स्पष्टता के साथ चर्चा करते हैं तो सम्मान पनपता है। यह याद रखना महत्वपूर्ण है कि हमारे

शब्दों में शक्ति होती है; वे उत्थान या कमी कर सकते हैं। मैंने अपने शब्दों को सावधानी से चुनना शुरु किया, यह पहचानते हुए कि मेरा लहजा और बॉडी लैंग्वेज मेरे संदेश को कैसे प्राप्त किया जाता है, इसमें महत्वपूर्ण भूमिका निभाते हैं। मैंने सीखा कि कमजोरी के बजाय कमजोरी एक ताकत हो सकती है। जब मैं अपने विचारों को ईमानदारी से व्यक्त करता हूं, तो मैं दूसरों को भी ऐसा करने के लिए आमंत्रित करता हूं, जिससे संवाद के लिए एक सुरक्षित स्थान बनता है। खुले संचार की संस्कृति को बढ़ावा देकर, हम ऐसे संबंध विकसित करते हैं जो सम्मान और समझ में गहराई से निहित होते हैं। आपसी सम्मान न केवल हमारे रिश्तों को गहरा करता है बल्कि हमें संघर्षों को अनुग्रह और करुणा के साथ नेविगेट करने की शक्ति भी देता है, संभावित असहमति को विकास के अवसरों में बदल देता है।

अपने संचार कौशल को मजबूत करने के लिए एक व्यावहारिक सुझाव बातचीत के दौरान सहानुभूति का अभ्यास करना है। जब आप किसी से बात कर रहे हों, तो खुद को उनकी जगह पर रखकर देखें; इससे आपका नज़रिया और आपकी प्रतिक्रिया बदल सकती है। दूसरों की राय को समझकर, आप जुड़ने और वास्तव में सार्थक

आदान-प्रदान करने की अपनी क्षमता को बढ़ाते हैं। याद रखें, संचार केवल बोलने के बारे में नहीं है; यह सुनने और समझने के बारे में भी है।

अध्याय 12 - वकालत और सक्रियता

व्यक्तिगत पीड़ा को उद्देश्य में बदलना

मुझे वे दिन याद हैं जब मेरा दर्द बहुत ज़्यादा था। ऐसा लग रहा था जैसे मैं दुख के अंतहीन चक्र में फंस गया हूँ, अपना रास्ता खोजने के लिए संघर्ष कर रहा हूँ। फिर भी, उस अंधेरे में, मैंने कुछ शक्तिशाली पाया: मेरे दर्द में दूसरों के लिए रास्ता रोशन करने की क्षमता थी। अपनी कहानी साझा करना न केवल मेरे लिए, बल्कि उन लोगों के लिए भी उपचार का एक रूप बन गया जो इसी तरह की लड़ाई से गुज़र रहे थे। जैसे-जैसे मैंने अपने अनुभवों के बारे में बताया, मैंने दूसरों पर इसके गहरे प्रभाव को देखना शुरू किया। उन्हें लगा कि उन्हें देखा और समझा जा रहा है, और उस संबंध में, मुझे उद्देश्य मिला। इस वकालत ने मेरे दुख को कुछ सार्थक बना दिया, एकांत यात्रा को एक सामूहिक मिशन में बदल दिया। जब हम अपनी कहानियाँ साझा करते हैं, तो हम एक शक्तिशाली लहर प्रभाव पैदा करते हैं जो बताने वाले और सुनने वाले दोनों को सशक्त बनाता है।

गहरी चोट के उन क्षणों में, मुझे एहसास हुआ कि मेरे पास एक विकल्प था: नाराज़ रहना और पीड़ा में बंद

रहना या अपने अनुभवों को लेकर उपचार की दिशा में एक आंदोलन को बढ़ावा देना। मैंने दूसरा विकल्प चुना। यह परिवर्तन रातों-रात नहीं हुआ; इसके लिए मुझे गहराई से खुदाई करने और अपनी भावनाओं का सामना करने की आवश्यकता थी। जैसे-जैसे मैंने अपने दर्द से निपटा, मुझे दूसरों की मदद करने के लिए स्पष्टता और जुनून की भावना का पता चला। मैं उन महिलाओं से जुड़ी जिन्होंने ऐसी ही चुनौतियों का सामना किया था और उन लोगों की हिमायती बनीं जो आवाज़हीन महसूस करते थे, अपनी कहानी का इस्तेमाल कार्रवाई को प्रेरित करने के लिए एक पुल के रूप में किया। मेरे द्वारा उठाया गया प्रत्येक कदम मुझे मेरे उद्देश्य के करीब ले गया, हमारे आस-पास की दुनिया में बदलाव को प्रेरित करने के लिए मेरे भीतर एक आग जला दी।

स्वयंसेवा और परिवर्तन लाना

हर बार जब मैं किसी स्थानीय बैठक में शामिल होता या किसी चर्चा समूह में शामिल होता, तो मुझे एहसास होता कि हम अपने आस-पास की दुनिया पर कितना प्रभाव डाल सकते हैं। यह देखना अविश्वसनीय है कि कैसे एक छोटा सा विचार किसी बड़ी चीज़ में बदल सकता है जब

भावुक व्यक्तियों का एक समूह एकजुट होता है। विभिन्न परियोजनाओं में स्वयंसेवा करने से न केवल हमें अपने विचारों और कौशल का योगदान करने का मौका मिलता है, बल्कि हमें उन कारणों के लिए अधिवक्ता बनने का अधिकार भी मिलता है जिनकी हमें परवाह है। हम सीखते हैं कि हमारी आवाज़ शक्तिशाली है, और जब हम उन्हें सामूहिक रूप से उठाते हैं, तो हम अपने समुदायों में वास्तविक परिवर्तन ला सकते हैं।

स्वयंसेवा करते हुए मैंने जो मित्रताएँ बनाई हैं, वे मेरे जीवन की सबसे सार्थक मित्रताएँ हैं। साथी स्वयंसेवकों के साथ प्रत्येक बातचीत मेरे दृष्टिकोण को विस्तृत करती है और मुझे नए विचारों और अनुभवों से परिचित कराती है। यह आश्चर्यजनक है कि कैसे लोग एक सामान्य उद्देश्य के लिए एक साथ आते हैं जो ऐसे बंधन बनाते हैं जो हाथ में मौजूद कार्य से परे होते हैं। हम हँसी, चुनौतियाँ और बेहतर भविष्य के लिए एक दृष्टिकोण साझा करते हैं। ये संबंध मुझे याद दिलाते हैं कि हम अपने संघर्षों और सपनों में अकेले नहीं हैं, और साथ मिलकर हम अकेले जितना हासिल कर सकते हैं, उससे कहीं ज़्यादा हासिल कर सकते हैं।

स्वयंसेवा की भावना को अपनाना सिर्फ़ देने के बारे में नहीं है; यह प्राप्त करने के बारे में भी है। कोई भी बदलाव करने से जो संतुष्टि की भावना आती है, चाहे वह कितनी भी छोटी क्यों न हो, वह हमारे जीवन में गहराई लाती है जिसे हम हमेशा व्यक्त नहीं कर सकते। दूसरों की मदद करने में बिताया गया हर घंटा हमारे खुद के विकास और खुशी में निवेश किया गया एक घंटा है। अपनी यात्रा शुरू करने के लिए, एक ऐसा कारण खोजें जो आपके साथ प्रतिध्वनित हो, और पहला कदम उठाएँ। चाहे वह किसी स्थानीय संगठन में शामिल होना हो, किसी आश्रय में मदद करना हो, या किसी सामुदायिक कार्यक्रम का समर्थन करना हो, याद रखें कि आपकी उपस्थिति और प्रयास बहुत मायने रखते हैं।

अपनी कहानी के माध्यम से दूसरों को प्रेरित करना

अपनी यात्रा को साझा करने से ऐसे संपर्कों के द्वार खुले हैं जिनकी मैंने कभी उम्मीद नहीं की थी। हर बार जब मैं अपनी कहानी सुनाती हूँ, तो मुझे ऐसी महिलाओं के चेहरे दिखाई देते हैं जो इसी तरह के संघर्षों से गुज़र रही हैं। यह महसूस करना शक्तिशाली है कि हम अपनी लड़ाई में अकेले नहीं हैं। जब मैं अपने अनुभवों के इर्द-गिर्द चुप्पी

की दीवारों को गिराती हूँ, तो यह समुदाय की भावना को बढ़ावा देता है। महिलाएँ अपनी यात्राएँ साझा करना शुरू करती हैं, जिससे ऐसा माहौल बनता है जहाँ सहानुभूति पनपती है। यह लचीलेपन और उम्मीद की बुनी हुई टेपेस्ट्री की तरह है, जहाँ हर धागा एक व्यक्तिगत संघर्ष और जीत का प्रतिनिधित्व करता है। हम एक-दूसरे का उत्थान करते हैं, करुणा प्रदर्शित करते हैं और समर्थन देते हैं। यह आदान-प्रदान हम सभी को देखा और सुना हुआ महसूस करने में मदद करता है, एक ऐसी दुनिया में हमारे अनुभवों को मान्य करता है जो अक्सर अलगाव को बढ़ावा देती है।

आपकी कहानी सिर्फ़ आपके लिए ही नहीं बल्कि अपने रास्ते की तलाश कर रहे दूसरे लोगों के लिए भी एक मज़बूत साधन बन जाती है। मैंने पाया है कि जिन पलों को मैं अपना सबसे कमज़ोर पल मानता था, वे मेरे सबसे मज़बूत संदेश बन गए। मेरी चुनौतियों ने मुझे ऐसे सबक सिखाए हैं जो मैं अन्यथा कभी नहीं सीख सकता था, और इन सबकों को साझा करने से बदलाव को प्रेरित करने की शक्ति मिलती है। जब मैं बताता हूँ कि कैसे मैंने अपने डर को ताकत में बदला या कैसे मैं एक बुरे दौर से बाहर निकला, तो इससे बातचीत शुरू होती है और दूसरों

में उम्मीद की किरण जगती है। लोग प्रामाणिकता से जुड़ते हैं, और कमज़ोरी को अपनाकर, हम दूसरों के लिए भी ऐसा करने का मार्ग प्रशस्त करते हैं। हमारी कहानियाँ किसी और के बदलाव के लिए उत्प्रेरक हो सकती हैं, उन्हें दिखा सकती हैं कि वे अपनी परिस्थितियों से आगे निकलने में सक्षम हैं।

हर बार जब हम अपनी सच्चाई बोलते हैं, तो हम दूसरों को अपनी शक्ति में कदम रखने के लिए प्रोत्साहित करते हैं। अपनी यात्रा को साझा करने का सरल कार्य जीवन-परिवर्तनकारी हो सकता है - न केवल उन लोगों के लिए जो आपको सुनते हैं बल्कि आपके अपने व्यक्तिगत विकास के लिए भी। जैसा कि आप इस बात पर विचार करते हैं कि आपने क्या पार किया है, अपनी कहानी लिखने या इसे एक आरामदायक सेटिंग में साझा करने पर विचार करें। अपने अनुभवों, उतार-चढ़ाव को गले लगाना, किसी और के लिए रास्ता रोशन कर सकता है। याद रखें, आपकी आवाज़ बदलाव की एक ताकत है, और इसका उपयोग करके, आप दूसरों के उत्थान में सक्रिय रूप से भाग लेते हैं।

अध्याय 13. मील के पत्थर का जश्न

व्यक्तिगत विकास को स्वीकार करना

पीछे मुड़कर देखना कि आप कितनी दूर आ गए हैं, सिर्फ़ अच्छा महसूस करने का अभ्यास नहीं है; यह आत्म-खोज की यात्रा में एक ज़रूरी कदम है। आपके द्वारा उठाया गया हर छोटा कदम सूक्ष्म रूप से अधिक महत्वपूर्ण उपलब्धियों की ओर आपके मार्ग को आकार देता है। आप चुनौतियों पर अपनी प्रतिक्रिया या अपनी क्षमताओं को समझने के तरीके में बदलाव देखना शुरू कर सकते हैं। जब मैं अपनी व्यक्तिगत यात्रा पर विचार करता हूँ, तो मैं ऐसे क्षण देख सकता हूँ जहाँ मैंने कभी संघर्ष किया था लेकिन फिर भी डटा रहा। कठिनाई से आगे बढ़ने का हर उदाहरण मेरे आत्म-सम्मान की नींव में रखी गई ईंट बन गया। जितना अधिक मैंने उन क्षणों को स्वीकार किया - बड़े और छोटे दोनों - मेरी आंतरिक प्रेरणा उतनी ही मजबूत हुई। यह मान्यता एक कोमल धक्का की तरह काम करती है, जो मुझे और अधिक प्रयास करने के लिए प्रोत्साहित करती है, जबकि यह समझती है कि हर कदम, चाहे कितना भी छोटा क्यों न हो, मुझे उस व्यक्ति के करीब लाता है जो मैं बनना चाहता हूँ।

हर बार जब आप कुछ हासिल करते हैं - चाहे वह कोई ऐसा काम पूरा करना हो जिसे आप टाल रहे थे या किसी प्रियजन के साथ सार्थक बातचीत करना हो - उसका जश्न मनाएँ। ये पल जीवन की भव्य योजना में छोटे लग सकते हैं, लेकिन साथ में वे विश्वसनीयता और उपलब्धि का मोज़ेक बनाते हैं। मैंने सफलता के शांत क्षणों में खुशी ढूँढना सीखा है, जैसे कि एक शांतिपूर्ण सुबह का आनंद लेना या अपने दैनिक लक्ष्यों को पूरा करना। इन छोटी जीत का जश्न मनाकर, मैं अपने दिमाग को सकारात्मक चीजों पर ध्यान केंद्रित करने के लिए प्रशिक्षित कर रहा हूँ। यह अभ्यास मेरे जीवन में एक लहर जैसा प्रभाव पैदा करता है, जिससे मैं बाधाओं का सामना करने में अधिक लचीला और आशावादी बन जाता हूँ। जो हासिल करना बाकी है, उससे अभिभूत होने के बजाय, मैं खुद को वह सब कुछ याद दिलाता हूँ जो मैंने पहले ही हासिल कर लिया है, जो मेरी महत्वाकांक्षाओं में नई जान फूंकता है।

व्यक्तिगत विकास की इस यात्रा में, एक डायरी रखना मूल्यवान है, जहाँ आप अपनी प्रगति के बारे में अपने विचारों और भावनाओं को दर्ज कर सकते हैं। अपनी उपलब्धियों को लिखना, चाहे वे कितनी भी छोटी क्यों न

हों, आपके दिमाग में उनके महत्व को मजबूत करने में मदद करता है। भविष्य की चुनौतियों का सामना करने पर, उन नोटों को फिर से देखें। सफलता के उन अभिलेखों को आपको अपनी ताकत और क्षमता की याद दिलाएँ, इस विचार को पुष्ट करें कि विकास निरंतर होता है, और हर जीत - बड़ी या छोटी - जश्न मनाने लायक है।

लक्ष्य निर्धारित करना और उनका जश्न मनाना

जब मैंने विशिष्ट लक्ष्य निर्धारित करने का फैसला किया, तो मुझे लगा कि मैंने आखिरकार अपने जीवन में GPS लगा लिया है। लक्ष्य हमें एक रोडमैप देते हैं। वे बताते हैं कि हम कहाँ जाना चाहते हैं और हम वहाँ कैसे पहुँच सकते हैं। चाहे वह व्यक्तिगत विकास हो, करियर की आकांक्षाएँ हों, या यहाँ तक कि रोज़मर्रा की साधारण उपलब्धियाँ हों, स्पष्ट लक्ष्य होने से हमारे मार्ग पर प्रकाश पड़ता है। मुझे याद है जब मैंने अगले पाँच वर्षों के लिए अपना विज़न बनाया था। पहले तो यह बहुत भारी लगा, लेकिन इसे प्राप्त करने योग्य, छोटे लक्ष्यों में विभाजित करने से मेरा विज़न वास्तविकता में बदल गया। प्रत्येक लक्ष्य के लिए समय सीमा चुनना आपको

तात्कालिकता का एहसास कराता है और आपको प्रेरित रखता है, साथ ही जीवन में होने वाले बदलावों के अनुसार समायोजन करने की अनुमति भी देता है। लक्ष्य निर्धारित करते समय, यह सुनिश्चित करना आवश्यक है कि वे हमारे भीतर के स्व के साथ प्रतिध्वनित हों, जो हमारे लिए वास्तव में मायने रखता है, न कि समाज जो तय करता है। हमारा विज़न जितना स्पष्ट होगा, उसे हासिल करने की हमारी इच्छा उतनी ही मजबूत होगी।

हर बार जब मैं किसी लक्ष्य तक पहुँचता, तो मैं जश्न मनाता। यह कुछ भी हो सकता है जैसे कि अपने लिए पसंदीदा भोजन का आनंद लेना, अपनी पसंद का काम करने के लिए एक दिन की छुट्टी लेना या अपने दोस्तों और परिवार के साथ अपनी सफलता को साझा करना। इन मील के पत्थरों को पहचानना हमें सिर्फ़ यह याद नहीं दिलाता कि हम कितनी दूर आ गए हैं; यह हमारे आत्म-सम्मान को मजबूत करता है और हमें आगे बढ़ते रहने के लिए प्रोत्साहित करता है। प्रगति को स्वीकार करने में बहुत ताकत मिलती है, चाहे वह कितनी भी छोटी क्यों न हो। प्रत्येक उत्सव हमारे प्रयासों का सम्मान करने और इस अहसास को पुख्ता करने का एक तरीका है कि सफलता हमेशा बड़ी नहीं लगती; कभी-कभी, यह छोटे

लेकिन महत्वपूर्ण कदम होते हैं जो महान उपलब्धियों की ओर ले जाते हैं। एक चुनौतीपूर्ण परियोजना को पूरा करने या किसी बाधा को पार करने के बाद अपने दिल में खुशी की चमक की कल्पना करें; वह भावना जश्न मनाने लायक है। जश्न मनाने की इस प्रथा को अपनाना हमारी यात्रा का आधार बन सकता है, सफलता की हमारी धारणा को खुशी और लचीलेपन से भरे समग्र अनुभव में बदल सकता है।

अपने लक्ष्य-निर्धारण अनुभव को वास्तव में बेहतर बनाने के लिए, एक डायरी रखने पर विचार करें जिसमें आप अपने लक्ष्य लिखें और अपने द्वारा प्राप्त की गई उपलब्धियों पर विचार करें। यह न केवल आपकी प्रगति का एक ठोस रिकॉर्ड प्रदान करता है बल्कि चुनौतीपूर्ण समय के दौरान प्रेरणा का स्रोत भी बनता है। चीजों को लिखने से वे आपके दिमाग में जम जाती हैं और आप अपनी यात्रा को स्पष्ट रूप से देख पाते हैं। याद रखें, लक्ष्य-निर्धारण पूर्णता के बारे में नहीं है; यह दिशा और विकास के बारे में है, इसलिए अपने द्वारा उठाए गए हर कदम का जश्न मनाएं।

कृतज्ञता का महत्व

हर दिन, मैं खुद को उन छोटी-छोटी चीज़ों की याद दिलाता हूँ जो मेरे जीवन में खुशियाँ लाती हैं, चाहे वह सुबह की चमकीली धूप हो, चाय का एक गर्म कप हो या किसी दोस्त का कोई प्यारा संदेश हो। ये सरल स्वीकारोक्ति मेरा ध्यान उस चीज़ से हटाती है जो मेरे पास नहीं है, उस चीज़ पर जो पहले से मौजूद है, जिससे मेरे विचारों में प्रचुरता की भावना भर जाती है। जब मैं इस आदत को अपनाता हूँ, तो मुझे चुनौतियों और नकारात्मकता पर काबू पाना आसान लगता है। कृतज्ञता निराशा के खिलाफ़ एक ढाल की तरह काम करती है; यह गुलाबी रंग का चश्मा पहनने जैसा है जो उदासी को छानता है और मुझे जीवन की सुंदरता को स्पष्ट रूप से देखने में मदद करता है। मैं खुद को हर दिन कम से कम तीन ऐसी चीज़ों को लिखने के लिए प्रोत्साहित करता हूँ जिनके लिए मैं आभारी हूँ। यह छोटा सा अभ्यास मेरी मानसिकता को बदल देता है, आशा की एक चिंगारी जलाता है जो मुझे सबसे कठिन समय से भी बाहर निकालता है।

जीवन हमेशा आसान नहीं होता, और ऐसे दिन भी आते हैं जो हमारी हिम्मत की परीक्षा लेते हैं। जब मैं ऐसे क्षणों का सामना करता हूँ, तो मैं अपने आभार अभ्यास पर

बहुत अधिक निर्भर हो जाता हूँ। कुछ बेहतर पाने की लालसा करने के बजाय, मैं अपने संघर्षों में भी सकारात्मक पहलुओं की तलाश करता हूँ। कठिन समय के दौरान छोटी-छोटी जीत और आशीर्वाद को पहचानना मेरा सहारा बन जाता है। यह मुझे याद दिलाता है कि मेरे पास आगे बढ़ने और कठिनाइयों से ऊपर उठने की ताकत है। इन क्षणों में, खुद को उन पिछली चुनौतियों की याद दिलाना ज़रूरी है, जिन्हें हमने पार किया है। हर बार जब मैं उन अनुभवों पर विचार करता हूँ, तो मैं सशक्त महसूस करता हूँ और जीवन में आने वाली किसी भी चुनौती से निपटने के लिए तैयार रहता हूँ। यह आभार का अभ्यास ही है जो मुझमें आंतरिक शक्ति की गहरी भावना पैदा करता है। जब भी मैं अभिभूत महसूस करता हूँ, तो मैं गहरी साँस लेता हूँ, अपनी आँखें बंद करता हूँ और उन चीज़ों की कल्पना करता हूँ जिनके लिए मैं आभारी हूँ। यह कार्य न केवल मेरे मन को शांत करता है, बल्कि मेरी आत्मा को भी मज़बूत करता है, जिससे मुझे आगे बढ़ते रहने का साहस मिलता है।

अध्याय 14 - दुर्व्यवहार के बाद चुनौतियों का सामना करना

ट्रिगर्स और फ्लैशबैक का सामना करना

ट्रिगर कहीं से भी आ सकते हैं; एक ध्वनि, एक गंध, एक विशेष शब्द, या यहाँ तक कि एक जगह भी ऐसी यादें जगा सकती है जो हमें अभिभूत कर सकती हैं। यह पहचानना महत्वपूर्ण है कि ये प्रतिक्रियाएँ पिछले अनुभवों से उत्पन्न होती हैं जो दर्दनाक या दर्दनाक हो सकती हैं। इन ट्रिगर्स को स्वीकार करके, मैंने यह अनुमान लगाना सीख लिया है कि वे मेरी भावनाओं को कैसे प्रभावित कर सकते हैं। उनके द्वारा पंगु महसूस करने के बजाय, मैं अब इन क्षणों का डर के बजाय जिज्ञासा के साथ स्वागत करता हूँ। हर बार जब मैं किसी ट्रिगर की पहचान करता हूँ, तो मैं अपनी भावनाओं से थोड़ा और परिचित हो जाता हूँ, जिससे मुझे उपचार की दिशा में एक मार्ग बनाने में मदद मिलती है। मैंने पाया है कि अपने ट्रिगर्स को लिखने से मुझे पैटर्न देखने और भावनात्मक रूप से खुद को तैयार करने में मदद मिलती है, जिससे समय के साथ मेरी लचीलापन बढ़ता है। यह एक मानसिक टूलकिट बनाने जैसा है जिसे मैं तब

इस्तेमाल कर सकता हूँ जब मुझे कोई ऐसी चीज़ मिले जो आराम के लिए बहुत परिचित लगे।

जब वे ज्वलंत यादें वापस लौट आती हैं तो यह हमेशा आसान नहीं होता, लेकिन एक योजना बनाना आपका सहारा बन सकता है। साँस लेने की तकनीक मेरे लिए जीवन रक्षक साबित हुई है। जब कोई फ्लैशबैक होता है, तो मैं अपनी आँखें बंद कर लेता हूँ, गहरी साँस लेता हूँ और खुद को याद दिलाता हूँ कि मैं अब सुरक्षित हूँ; मैं अब उस पल में नहीं हूँ जो कभी मुझे परेशान करता था। ग्राउंडिंग एक्सरसाइज, जैसे कि मैं जो देख सकता हूँ, सुन सकता हूँ और छू सकता हूँ, उस पर ध्यान केंद्रित करना, मुझे वर्तमान में वापस लाने में मदद करता है। मैं खुद को यह भी प्रोत्साहित करता हूँ कि मैं जो महसूस करता हूँ उसे व्यक्त करूँ। चाहे वह किसी दोस्त से बात करना हो, अपनी डायरी में लिखना हो या पेंटिंग करना हो, अपनी भावनाओं को शब्दों या कला में व्यक्त करना मुक्ति की भावना पैदा करता है। मैंने माइंडफुलनेस प्रैक्टिस की ओर भी रुख किया है, जो मेरी वर्तमान वास्तविकता में स्थिर रहने के लिए एक सौम्य अनुस्मारक के रूप में काम करता है, धीरे-धीरे उन विनाशकारी यादों को सशक्तीकरण और आशा की भावना से बदल देता है।

खुद को यह याद दिलाना ज़रूरी है कि हम इस मामले में अकेले नहीं हैं। कई महिलाओं के अनुभव एक जैसे होते हैं और एक समुदाय बनाकर हम अपने ट्रिगर्स और फ्लैशबैक का सामना करने में एक-दूसरे को प्रेरित और समर्थन कर सकते हैं। खुद पर भरोसा करना हमारे जीवन को फिर से पाने का एक रास्ता प्रदान करता है। इन चुनौतियों को स्वीकार करने और प्रबंधित करने में उठाया गया प्रत्येक छोटा कदम उपचार की दिशा में एक महत्वपूर्ण कदम है। एक उपयोगी टिप यह है कि एक 'कम्फर्ट बॉक्स' बनाएं जिसमें ऐसी चीज़ें भरी हों जो आपको सुकून दें - जैसे कि तस्वीरें, नोट्स या शांत करने वाली खुशबू - जब आप अभिभूत महसूस करें तो अपने पास रखें। यह छोटी सी कार्रवाई आपको सबसे कठिन क्षणों में भी अपनी ताकत और लचीलेपन की याद दिलाने में मदद कर सकती है।

प्रतिकूल परिस्थितियों का सामना करने में लचीलापन विकसित करना

जब मैं अपने जीवन के सबसे कठिन क्षणों के बारे में सोचता हूँ, तो मुझे एहसास होता है कि प्रत्येक संघर्ष किसी बड़ी चीज़ की ओर एक कदम था। लचीलापन सिर्फ़ वापस उछलने के बारे में नहीं है; यह समझने के

बारे में है कि हर बाधा मूल्यवान सबक लाती है। हर बार जब हम प्रतिकूल परिस्थितियों का सामना करते हैं, तो हमारे पास अपनी मानसिक और भावनात्मक दृढ़ता को मजबूत करने का अवसर होता है। लचीलापन विकसित करने का मतलब है कि हम दर्द को खुद को परिभाषित करने देने के बजाय खुद को उससे बढ़ने देते हैं। कठिन समय से गुज़रने के बाद, हम अक्सर पाते हैं कि हमारे पास अंतर्दृष्टि, आत्मविश्वास और कौशल हैं जिनके बारे में हमें पता नहीं था। यह मांसपेशियों के निर्माण की तरह है; जितना अधिक हम अनुभवों के माध्यम से इसका अभ्यास करते हैं, हम उतने ही मजबूत होते जाते हैं। यह ताकत न केवल हमें जीवन में आने वाली हर चुनौती से निपटने के लिए तैयार करती है बल्कि हमें नई चुनौतियों का सामना करने का साहस भी देती है।

बाधाओं को दुर्गम दीवारों के रूप में देखने के बजाय, क्या होगा अगर हम उन्हें मूल्यवान सबक के रूप में देखना शुरू कर दें? अपने दृष्टिकोण को बदलने से हमें सीखने और विकसित होने की प्रक्रिया की सराहना करने की अनुमति मिलती है। मैंने महसूस किया है कि मेरे सबसे बड़े शिक्षक अक्सर वे कठिनाइयाँ रही हैं जिनका मैंने सामना किया है। उन्होंने मुझे गहराई से खुदाई करने

और उन शक्तियों को खोजने के लिए मजबूर किया जिनके अस्तित्व के बारे में मुझे पता नहीं था। इस परिवर्तन के लिए असुविधा को सहने के लिए एक सचेत विकल्प की आवश्यकता होती है। हम कठिन समय के लिए कृतज्ञता का अभ्यास कर सकते हैं क्योंकि वे न केवल हमें आज जो हैं, बल्कि हम जो बनना चाहते हैं उसे आकार देते हैं। जब हम इन अनुभवों को देखते हैं, तो हम देखते हैं कि उन्होंने हमारे जीवन को कैसे समृद्ध किया है और कैसे वे भविष्य के विकास की नींव रखते हैं। कुंजी खुले रहना है, यह जानते हुए कि हर चुनौती अधिक ज्ञान और लचीलापन ला सकती है।

लचीलापन और विकास की इस मानसिकता को प्रोत्साहित करने वाले अभ्यास को विकसित करना आवश्यक है। अपनी भावनाओं के बारे में जर्नलिंग से शुरुआत करें, खासकर जब चुनौतियों का सामना करना पड़ रहा हो। इस बात पर चिंतन करें कि आपने क्या सीखा और आप इन सबक को भविष्य की स्थितियों में कैसे लागू कर सकते हैं। एक सहायक समुदाय से जुड़ना भी उत्थानकारी हो सकता है। अन्य महिलाओं के साथ अनुभव साझा करना और उनकी कहानियाँ सुनना एकजुटता की भावना को बढ़ावा देता है। जैसे-जैसे हम

एक-दूसरे का निर्माण करते हैं, हम अपने और अपने आस-पास के लोगों के लचीलेपन को मजबूत करते हैं। याद रखें, लचीलापन केवल एक व्यक्तिगत यात्रा नहीं है; यह एक सामूहिक अनुभव भी है। अपने लचीलेपन को मजबूत करें, और आप न केवल जीवन की बाधाओं को पार करेंगे बल्कि ऐसा शालीनता और आत्मविश्वास के साथ करेंगे।

दीर्घकालिक उपचार के लिए रणनीतियाँ

इसमें सिर्फ़ कुछ पलों की आत्म-देखभाल से ज़्यादा शामिल है; इसके लिए ऐसे विकल्प चुनने की प्रतिबद्धता की ज़रूरत होती है जो समय के साथ गहरी चिकित्सा को बढ़ावा देते हैं। यह हर हफ़्ते कुछ समय निकालकर अपनी आत्मा को पोषित करने वाली गतिविधियों में शामिल होने या शायद माइंडफुलनेस का रोज़ाना अभ्यास करने जितना आसान हो सकता है। आपके द्वारा की जाने वाली हर छोटी-बड़ी हरकत सेहत के एक बड़े ताने-बाने में योगदान देती है, जिससे आप जीवन के तनावों के खिलाफ़ लचीलापन बना पाते हैं। जब मैंने खुद को एक ऐसी दिनचर्या बनाने के लिए समर्पित किया जिसमें मेरे भावनात्मक और शारीरिक स्वास्थ्य को प्राथमिकता दी गई, तो मैंने पाया कि इसके फ़ायदे मेरे

जीवन के हर पहलू में फैल गए हैं। मैं ज़्यादा केंद्रित महसूस करने लगा, और मुश्किल दिनों में भी, मैं खुद को फिर से ऊपर उठाने के लिए उपकरणों से लैस था। उन विजयी रणनीतियों को ढूँढ़ना इस बात को समझने से शुरू होता है कि आपके लिए सबसे ज़्यादा नया क्या लगता है, चाहे वह योग हो, जर्नलिंग हो, प्रकृति में समय बिताना हो, या बस उन लोगों के साथ रहना हो जो आपकी आत्मा को ऊपर उठाते हैं।

दिन-ब-दिन खुद के लिए आगे बढ़ते रहना बहुत ज़रूरी है। मैंने सीखा कि उपचार एक सीधी रेखा नहीं है; यह उतार-चढ़ाव से भरा एक घुमावदार रास्ता है। एक नियमित अभ्यास स्थापित करने से जीवन की उथल-पुथल के बीच स्थिरता की भावना मिलती है। हो सकता है कि आपने व्यक्तिगत विकास के लिए एक महीने में एक निश्चित संख्या में किताबें पढ़ने की चुनौती तय की हो या अपने लिए नए शौक तलाशने के लिए प्रतिबद्ध हों। जो भी हो, यह नियमित रूप से खुद में निवेश करने के बारे में है। यह स्थिरता के उन क्षणों में था कि मुझे आगे आने वाली चुनौतियों का सामना करने के लिए स्पष्टता और शक्ति मिली। पूर्णता से ज़्यादा प्रगति को अपनाने से मुझे अपनी यात्रा के लिए प्रशंसा विकसित

करने में मदद मिली और खुद के लिए करुणा की गहरी भावना पैदा हुई। याद रखें, हर प्रयास मायने रखता है, भले ही वह उस समय छोटा लगे। प्रगति का मतलब भव्य इशारों से नहीं बल्कि दैनिक प्रतिबद्धताओं के संचय से है जो आपकी ताकत और धैर्य का निर्माण करती हैं।

अपनी उपचार यात्रा का सही मायनों में सम्मान करने के लिए, अपने प्रति धैर्य और प्रेम की मानसिकता अपनाएँ। इस पूरी प्रक्रिया के दौरान अपने विचारों, भावनाओं और अनुभवों को दर्ज करने के लिए एक डायरी रखने पर विचार करें। अपनी यात्रा पर चिंतन करने से अंतर्दृष्टि का पता चल सकता है और विकास को स्वीकार किया जा सकता है जिसे आप अपने व्यस्त जीवन में अनदेखा कर सकते हैं। जब आप देख सकते हैं कि आप कितनी दूर आ गए हैं, तो यह आपके भीतर आगे बढ़ते रहने के लिए एक खूबसूरत आग जला सकता है। अपने द्वारा उठाए गए हर कदम का जश्न मनाएँ, क्योंकि यह आपको अपने उस संपूर्ण और स्वस्थ संस्करण के करीब लाता है जिसे आप बनने का प्रयास कर रहे हैं।

अध्याय 15. आशा के साथ आगे बढ़ना

नये अवसरों को अपनाना

हर बार जब मैंने अपने कम्फर्ट जोन से बाहर कदम रखा, तो मैंने ऐसे रास्ते खोजे, जिनके बारे में मुझे पहले पता नहीं था। चाहे वह कोई नया शौक आज़माना हो, अकेले किसी कार्यक्रम में शामिल होना हो, या फिर ऐसे लोगों से मिलना-जुलना हो, जिनका नज़रिया मुझसे अलग हो, इन पलों ने मेरी आँखों को संभावनाओं की दुनिया की ओर खोल दिया। अपनी दिनचर्या में उलझ जाना और यह भूल जाना आसान है कि अगर हम अनजान को अपनाने के लिए तैयार हों, तो ज़िंदगी में बहुत कुछ है। हर अनुभव, चाहे वह कितना भी छोटा क्यों न हो, हमारे जीवन में नई अंतर्दृष्टि और खुशी लाने की शक्ति रखता है। जब मैंने खुद को पहली बार मिट्टी के बर्तन बनाने की कोशिश करते हुए पाया, तो मुझे कभी नहीं लगा कि यह कितना सुकून देने वाला होगा या अपने हाथों से कुछ बनाने में मुझे कितना आनंद मिलेगा। उस एक अनुभव ने मेरे अंदर एक जुनून जगा दिया, जिसे मैं आज भी अपने साथ रखता हूँ। जितना ज़्यादा हम खुद को नए अवसरों के लिए हाँ कहने की अनुमति देते हैं, हमारा जीवन उतना ही समृद्ध होता जाता है। हम सिर्फ़ बड़ी घटनाओं में ही

नहीं, बल्कि उन छोटे-छोटे पलों में भी खुशी पाते हैं, जो हमें मुस्कुराने पर मजबूर कर देते हैं।

जीवन बाधाओं से भरा है, लेकिन उन्हें असफलताओं के रूप में देखने के बजाय, मैंने उन्हें सीढ़ी के रूप में देखना सीखा। मेरे सामने आई हर कठिनाई ने मुझे कुछ मूल्यवान सिखाया। उदाहरण के लिए, जब मुझे काम में बाधाओं का सामना करना पड़ा, तो आहें भरने और चीजों के आसान होने की कामना करने के बजाय, मैंने खुद से पूछा कि मैं इस स्थिति से क्या सीख सकता हूं। दृष्टिकोण में इस बदलाव ने मुझे अपनी कहानी खुद लिखने की अनुमति दी। मैंने कमजोरी में ताकत पाई, यह पहचानते हुए कि सभी उत्तरों को तुरंत न जानना ठीक है। स्थिति कठिन लग सकती है, लेकिन उस चुनौती के भीतर परिवर्तन का बीज छिपा है। हर महान सफलता की कहानी में संघर्ष के क्षण होते हैं जो लचीलेपन और दृढ़ संकल्प से पूरित होते हैं। चुनौतियों का खुले दिल से स्वागत करके, मैंने खुद को मजबूत, होशियार और अधिक अनुकूलनीय बनने के लिए सशक्त बनाया।

नए अवसरों को अपनाने में खुद के प्रति दयालु होना और यह पहचानना भी शामिल है कि विकास में समय लगता है। यात्रा हमेशा आसान नहीं होती, और यह बिल्कुल

ठीक है। याद रखें, यह छोटे कदम ही हैं जो बड़े बदलावों की ओर ले जाते हैं। अगली बार जब आप कुछ नया करने में झिझक महसूस करें या किसी चुनौती का सामना करें, तो एक सांस लें और याद रखें कि दूसरी तरफ़ संभावनाएँ इंतज़ार कर रही हैं। चाहे आपको कितना भी डर क्यों न लगे, वह छोटा कदम आगे बढ़ाएँ। अपने अनुभवों की एक डायरी रखें, जिसमें आप प्रत्येक अवसर और चुनौती से जो सीखते हैं उसे नोट करें। समय के साथ, आप देखेंगे कि आप कितनी दूर आ गए हैं और आगे कितने खूबसूरत अनुभव हैं।

सकारात्मक मानसिकता विकसित करना

मैं अक्सर खुद को यह सोचते हुए पाता हूँ कि हम कितनी आसानी से नकारात्मक विचारों में फंस जाते हैं, जिससे वे हमारे जीवन के खूबसूरत पलों को फीका कर देते हैं। जब मैं चुनौतीपूर्ण परिस्थितियों में भी सकारात्मक पहलुओं को उजागर करने का सचेत प्रयास करता हूँ, तो मैं वास्तव में अपनी आत्मा में एक उत्साह महसूस करता हूँ। यह सब मन को अच्छाई पर ध्यान देने के लिए प्रशिक्षित करने के बारे में है। उदाहरण के लिए, काम पर

एक कठिन दिन पर ध्यान देने के बजाय, मैं सहकर्मियों के साथ की गई सहायक बातचीत या अपनी छोटी-छोटी जीत को याद करना चुनता हूँ। यह बदलाव मुझे कृतज्ञता और प्रशंसा के लेंस के माध्यम से जीवन को देखने की अनुमति देता है, जिससे मेरी प्रतिक्रियाएँ और बातचीत नाटकीय रूप से बदल जाती हैं। जितना अधिक मैं इसका अभ्यास करता हूँ, उतना ही यह स्पष्ट होता जाता है कि सकारात्मकता केवल आशावाद के बारे में नहीं है; यह जीवन के साथ सक्रिय रूप से जुड़ने और छोटी-छोटी जीत का जश्न मनाने के बारे में है।

माइंडफुलनेस ने मुझे वर्तमान में रहना, हर पल की सराहना करना सिखाया है, न कि अतीत या भविष्य को अपनी भावनाओं को नियंत्रित करने देना सिखाया है। मैंने गहरी साँस लेने और ध्यान केंद्रित अवलोकन जैसी सरल तकनीकें सीखी हैं जो मुझे वर्तमान में स्थिर रखती हैं। जब भी मैं अभिभूत महसूस करता हूँ, तो ये अभ्यास मेरे विचारों और भावनाओं को केंद्रित करने में मदद करते हैं, मुझे याद दिलाते हैं कि मेरे पास किसी भी स्थिति में अपनी प्रतिक्रिया चुनने की शक्ति है। अपनी त्वचा पर सूरज की गर्मी महसूस करना, पत्तियों की कोमल सरसराहट सुनना, या बस अपनी सुबह की कॉफी का

स्वाद चखना शांति और खुशी की भावना लाता है जो मेरे दैनिक जीवन को बेहतर बनाता है। माइंडफुलनेस को अपने दिन का नियमित हिस्सा बनाना एक गेम चेंजर है। यह मुझे तनाव या चिंता से घिरे रहने के बजाय स्पष्ट, शांत मन से चुनौतियों का सामना करने की अनुमति देता है, जिससे निरंतर खुशी का मार्ग प्रशस्त होता है।

सकारात्मक सोच को सही मायने में विकसित करने के लिए, अपनी दिनचर्या में छोटे-छोटे, सावधान अभ्यासों को शामिल करना एक महत्वपूर्ण प्रभाव पैदा कर सकता है। हर दिन बस कुछ मिनट समर्पित करके उन चीज़ों पर चिंतन करें जिनके लिए आप आभारी हैं। चाहे वह किसी पत्रिका में हो या सिर्फ़ आपके विचारों में, सकारात्मकता को पहचानना आपके दृष्टिकोण को गहराई से बदल सकता है। इसके अलावा, पूरे दिन में ध्यानपूर्वक ब्रेक लेना सांस लेने और अपने दिमाग को रीसेट करने के लिए एक अनुस्मारक के रूप में कार्य करता है। ये छोटे कदम न केवल एक अधिक आशावादी दृष्टिकोण को बढ़ावा देते हैं बल्कि हमारे आस-पास के लोगों को भी सकारात्मकता अपनाने के लिए प्रेरित कर सकते हैं। याद रखें, हर विचार आपकी वास्तविकता को आकार देता है,

इसलिए ऐसे विचारों को विकसित करना चुनें जो आपको सशक्त बनाते हैं।

सशक्तिकरण की अपनी यात्रा साझा करना

जब मैंने अपनी यात्रा साझा करना शुरू किया, तो मुझे एहसास नहीं हुआ कि यह कितना परिवर्तनकारी होगा, न केवल उन लोगों के लिए जिन्होंने इसे सुना, बल्कि मेरे लिए भी। मैंने पाया कि मेरे अनुभवों, मेरे संघर्षों और मेरी जीत के बारे में खुलकर बात करने से दूसरों को मेरे साथ गहरे स्तर पर जुड़ने का मौका मिला। उन्होंने अपनी कहानियाँ भी साझा करना शुरू कर दिया। उन पलों में, हमने समझ और करुणा का पुल बनाया। मेरे द्वारा साझा किया गया प्रत्येक शब्द एक ऐसा धागा बन गया जिसने हमें एक-दूसरे के करीब ला दिया, हमें याद दिलाया कि हम सभी इंसान हैं, जो उम्मीदों, डर और सपनों से भरे हुए हैं। भेद्यता के इस कार्य ने न केवल दूसरों को ऊपर उठाया बल्कि मेरी अपनी ताकत की भी पुष्टि की, मुझे याद दिलाया कि मेरे अनुभवों में मूल्य है जो प्रेरित और उत्थान कर सकता है।

मुझे याद है कि मैं खोया हुआ और अनिश्चित महसूस कर रहा था, अपनी चुनौतियों के बोझ से जूझ रहा था। जब एक महिला जिसकी मैं प्रशंसा करता था, उसने

बाधाओं पर काबू पाने की अपनी कहानी साझा की, तो इसने मेरे भीतर एक चिंगारी जला दी। उसके शब्दों ने मुझे उम्मीद दी कि एक उज्जवल मार्ग संभव है। तब मुझे एहसास हुआ कि अपनी खुद की यात्रा साझा करके, मैं दूसरों के लिए रास्ता रोशन कर सकता हूँ। हर बार जब मैं अपना दिल खोलता हूँ और अपनी चुनौतियों को याद करता हूँ, तो मैं न केवल अपने विकास पर विचार करता हूँ, बल्कि संभावित रूप से किसी और को उनके अंधेरे से बाहर निकालने का मार्गदर्शन भी करता हूँ। सरल सत्य यह है कि आपकी कहानी किसी ऐसे व्यक्ति के साथ गहराई से जुड़ सकती है जो अपने संघर्षों में अकेला महसूस करता है। आपके पास आशा की लहरें पैदा करने, दूसरों को यह याद दिलाने की शक्ति है कि वे अकेले नहीं हैं और उन्हें साहस के साथ आगे बढ़ने के लिए प्रोत्साहित करते हैं।

जब आप अपनी यात्रा को साझा करने का फैसला करते हैं, तो याद रखें कि आपके शब्द दूसरों के लिए ताकत का स्रोत हो सकते हैं। अपनी कहानी के प्रभाव को कम मत समझिए। किसी मित्र से संपर्क करने या किसी ऐसे समूह में शामिल होने पर विचार करें जहाँ आप कहानियाँ साझा कर सकें और सुन सकें। अपने अनुभवों और

भावनाओं को लिखने के लिए समय निकालें, इस बात पर विचार करें कि उन्होंने आपको कैसे आकार दिया। यहां तक कि ऐसे क्षणों में भी जो तुच्छ लगते हैं, अक्सर कोई सबक या कोई अनूठी ताकत होती है जो किसी ऐसे व्यक्ति को प्रेरित कर सकती है जिसे इसे सुनने की आवश्यकता होती है। इस विचार को अपनाएँ कि अपनी यात्रा को साझा करने से न केवल दूसरों का उत्थान होता है बल्कि आपके अपने जीवन को भी समृद्ध बनाता है क्योंकि आप साझा अनुभवों के माध्यम से बनने वाले कनेक्शनों को देखते हैं।

निष्कर्ष – जीवन का सबसे बड़ा अवसर!

घरेलू हिंसा और यौन शोषण के मुद्दों से निपटने में मुझे जो सबसे बड़ी मदद मिली, वह ईश्वर और खुद के साथ शांति पाने में थी। ताकत पाने का अंतिम स्थान ईसा मसीह के माध्यम से ईश्वर में है, जैसा कि मैंने आघात और अंततः उपचार की अपनी यात्रा में अनुभव किया है। प्रार्थना और विश्वास ने ठीक होने और उपचार में बहुत महत्वपूर्ण भूमिका निभाई।

बाइबल में दो महत्वपूर्ण कहानियाँ थीं जिन्होंने मुझे समस्याओं से निपटने में मदद की और साथ ही यीशु मसीह के साथ मेरी बातचीत की कहानी भी - वास्तविक जीवन! आइए नीचे दिए गए दो कहानियों से शुरू करें:

वे ये हैं:

लूका 4:17-19

एम्प्लीफाइड बाइबल, क्लासिक संस्करण

17 और यशायाह भविष्यद्वक्ता की पुस्तक उसके हाथ में दी गई, और उस ने खोलकर वह स्थान निकाला, जहां लिखा था।

18 प्रभु का आत्मा मुझ पर है, इसलिये कि उस ने कंगालों को सुसमाचार सुनाने के लिये मेरा अभिषेक किया है; और

*मुझे इसलिये भेजा है, कि बन्दियों को रिहाई का और अंधों
को दृष्टि पाने का समाचार दूं और सताए हुए लोगों को
छुड़ाऊं ।*

[19] *कि प्रभु के ग्रहणयोग्य वर्ष का प्रचार करो। [वह दिन
जब उद्धार और परमेश्वर की कृपा बहुतायत से होगी] ।*

यूहन्ना 8:1-12

किंग जेम्स संस्करण

8 **यीशु जैतून पहाड़ पर गया।**

[2] **और भोर को वह फिर मन्दिर में आया, और सब लोग
उसके पास आए; और वह बैठकर उन्हें उपदेश देने लगा।**

[3] **तब शास्त्री और फरीसी एक** ***स्त्री को जो व्यभिचार में
पकड़ी गई थी, उसके पास लाए*****, और उसे बीच में खड़ी
करके कहा।**

[4] **उन्होंने उस से कहा;** ***हे गुरु, यह स्त्री व्यभिचार करते ही
पकड़ी गई है।***

[5] **अब मूसा ने व्यवस्था में हमें आज्ञा दी है, कि ऐसे लोगों
को पत्थरवाह किया जाए; परन्तु तू क्या कहता है?**

[6] उन्होंने उस पर दोष लगाने के लिये यह बात कही, परन्तु
यीशु झुककर उँगली से भूमि पर लिखने लगा, मानो वह
उनकी बात सुनता ही न हो।

[7] जब वे उस से पूछते रहे, तो उस ने सीधे होकर उन से
कहा; तुम में जो निष्पाप हो, वही पहिले उसको पत्थर
मारे।

[8] फिर वह फिर झुककर भूमि पर लिखने लगा।

[9] और लोग यह सुनकर अपने अपने विवेक से दोषी ठहरे,
और बड़े से लेकर छोटे तक, एक एक करके बाहर चले
गए; और यीशु अकेला रह गया, और स्त्री बीच में खड़ी रह
गई।

[10] जब यीशु ने सीधे होकर उस स्त्री को छोड़ और किसी
को न देखा, तो उस से कहा; हे नारी, तेरे मुद्दई कहां गए?
क्या किसी ने तुझे दोषी नहीं ठहराया?

[11] उस ने कहा, हे प्रभु, ऐसा नहीं: यीशु ने उस से कहा, मैं भी
तुझ पर दंड की आज्ञा नहीं देता; जा, और फिर पाप न
करना।

[12] तब यीशु ने फिर उन से कहा, जगत की ज्योति मैं हूं; जो
मेरे पीछे हो लेगा, वह अंधकार में न चलेगा, परन्तु जीवन
की ज्योति पाएगा।

एक ऐसे मुद्दे पर विचार-विमर्श था जो मुझे लंबे समय से परेशान कर रहा था और मैं अपने दिल में इस पर विचार करता रहा, फिर एक दिन मैंने यीशु से पूछने का फैसला किया। मैंने पूछा, "यीशु, क्यों पीढ़ियों से और बाइबल में भी महिलाओं के साथ इतना बुरा व्यवहार किया जाता है?" उनका जवाब चौंकाने वाला था - उन्होंने कहा, "मैं महिलाओं के साथ कैसा व्यवहार करता हूँ?" मैंने कहा, हाँ! मुझे जवाब मिल गया! यीशु महिलाओं के साथ कैसा व्यवहार करते थे? पूरे शास्त्र में, यीशु ने महिलाओं के साथ सम्मान से व्यवहार किया। लूका 8:1-3 में, हम पढ़ते हैं कि महिलाएँ ही यीशु की सेवकाई का समर्थन कर रही थीं। जब वह मृतकों में से जी उठा, तो उसने खुद को सबसे पहले मरियम मगदलीनी को दिखाया (मरकुस 16:9.)

उस दिन से, मैं वह सब करने के लिए स्वतंत्र हो गया जिसे करने के लिए परमेश्वर ने मुझे बुलाया था, क्योंकि यीशु मसीह के समक्ष मैं उसके लिए विशेष हूँ और जिस क्षेत्र में मैंने सबसे अधिक कष्ट झेले हैं, उसमें उसने मेरे लिए महान योजनाएँ बनाई हैं, ताकि वह मेरी प्रतिकूलता को लाभ में बदल सके!

बच्चों के लिए उसने मत्ती 19:14 में कहा

नया अंतर्राष्ट्रीय संस्करण

[14] ***यीशु ने कहा, " <u>बालकों को मेरे पास आने दो</u>, और उन्हें मना न करो, क्योंकि स्वर्ग का राज्य ऐसों का है।"***

परमेश्वर का राज्य बच्चों को दिया जाता है और फिर उसने मत्ती 18:3-5 किंग जेम्स वर्शन (KJV) में कहा ***और कहा, मैं तुमसे सच कहता हूँ, जब तक तुम न फिरो और छोटे बच्चों की तरह न बनो, तुम स्वर्ग के राज्य में प्रवेश नहीं कर पाओगे। इसलिए जो कोई अपने आप को इस छोटे बच्चे की तरह छोटा करेगा, वही स्वर्ग के राज्य में सबसे बड़ा होगा।***

ऐसा क्यों है कि जो भगवान को प्रिय है, हम उसे तुच्छ समझते हैं? महिलाओं और बच्चों को? क्यों?

इसलिए हमें अब चुप नहीं रहना चाहिए! हमें उससे लड़ना चाहिए और उसके द्वारा और उसके द्वारा अपना पक्ष रखना चाहिए!

मैं आज आपको मसीह यीशु में उद्धार के माध्यम से यीशु के साथ संबंध तलाशने का अवसर देता हूँ। मेरे साथ चलें क्योंकि मैं आपको नीचे दिए गए विवरण बताता हूँ।

https://web.facebook.com/groups/amandadaniel
पर मुझसे जुड़ें तो बेझिझक प्रश्न पूछें

उद्धार की कहानी – उद्धार की प्रार्थना – उद्धार की प्रार्थना – परमेश्वर के साथ हमारी पहली वास्तविक बातचीत

"मुक्ति की प्रार्थना" सबसे महत्वपूर्ण प्रार्थना है जो हम कभी भी करेंगे। जब हम ईसाई बनने के लिए तैयार होते हैं, तो हम परमेश्वर के साथ अपनी पहली वास्तविक बातचीत करने के लिए तैयार होते हैं, और ये इसके घटक हैं:

- हम स्वीकार करते हैं कि यीशु मसीह परमेश्वर है; वह इस पृथ्वी पर मनुष्य के रूप में आया ताकि वह पाप रहित जीवन जिए जिसे हम नहीं जी सकते; वह हमारे स्थान पर मरा, ताकि हमें वह दण्ड न भुगतना पड़े जिसके हम पात्र हैं।
- हम अपने पिछले पापमय जीवन को स्वीकार करते हैं - अपने लिए जीना और परमेश्वर की आज्ञा का पालन न करना।
- हम स्वीकार करते हैं कि हम यीशु मसीह पर अपने उद्धारकर्ता और प्रभु के रूप में भरोसा करने के लिए तैयार हैं।
- हम यीशु से प्रार्थना करते हैं कि वह हमारे हृदय में आये, वहाँ निवास करे, और हमारे द्वारा जीवन जीना आरम्भ करे।

उद्धार की प्रार्थना – यह ईश्वर में विश्वास से शुरू होती है

जब हम उद्धार की प्रार्थना करते हैं, तो हम परमेश्वर को यह बता रहे होते हैं कि हम मानते हैं कि उसका वचन सत्य है। उसने हमें जो विश्वास दिया है, उसके द्वारा हम उस पर विश्वास करना चुनते हैं। बाइबल हमें बताती है कि " *विश्वास के बिना उसे प्रसन्न करना असंभव है, क्योंकि जो परमेश्वर के पास आता है, उसे विश्वास करना चाहिए कि वह है, और वह उन लोगों को प्रतिफल देता है जो परिश्रम से उसके खोजते हैं*" (इब्रानियों 11:6)।

इसलिए, जब हम प्रार्थना करते हैं, परमेश्वर से उद्धार का उपहार माँगते हैं, तो हम अपनी स्वतंत्र इच्छा का प्रयोग करके यह स्वीकार करते हैं कि हम उस पर विश्वास करते हैं। विश्वास का यह प्रदर्शन परमेश्वर को प्रसन्न करता है, क्योंकि हमने उसे जानने का स्वतंत्र रूप से चुनाव किया है।

उद्धार की प्रार्थना – अपने पापों को स्वीकार करना

जब हम उद्धार की प्रार्थना करते हैं, तो हम स्वीकार करते हैं कि हमने पाप किया है। जैसा कि बाइबल सभी के बारे में कहती है, केवल मसीह को छोड़कर: " *क्योंकि सब ने पाप किया है और परमेश्वर की महिमा से रहित हैं*" (रोमियों 3:23)।

पाप करना बस लक्ष्य से चूक जाना है, जैसे कि तीर निशाने पर ठीक से नहीं लगता। परमेश्वर की महिमा जिससे हम चूक जाते हैं, वह केवल यीशु मसीह में ही पाई जाती है: "

क्योंकि परमेश्वर ही है जिसने अंधकार में से ज्योति को चमकने की आज्ञा दी, और जो हमारे हृदयों में चमका कि परमेश्वर की महिमा की पहचान की ज्योति यीशु मसीह के चेहरे से दे" (2 कुरिन्थियों 4:6)।

उद्धार की प्रार्थना, इस प्रकार, यह स्वीकार करती है कि यीशु मसीह ही एकमात्र मनुष्य है जो पाप के बिना जीया। " *क्योंकि जो पाप से अज्ञात था, उसी को उसने हमारे लिये पाप ठहराया कि हम उसमें होकर परमेश्वर की धार्मिकता बन जाएँ*" (2 कुरिन्थियों 5:21)।

उद्धारकर्ता और प्रभु के रूप में मानना

मसीह को अपनी पूर्णता का मानक मानकर, हम अब प्रेरित यूहन्ना के साथ सहमत होते हुए, उनमें ईश्वर के रूप में विश्वास को स्वीकार कर रहे हैं कि: " *आदि में वचन (मसीह) था, और वचन परमेश्वर के साथ था, और वचन परमेश्वर था। वह आदि में परमेश्वर के साथ था। सब कुछ उसी के द्वारा उत्पन्न हुआ, और जो कुछ उत्पन्न हुआ है, उसमें से कुछ भी उसके बिना उत्पन्न नहीं हुआ*" (यूहन्ना 1:1-3)।

क्योंकि परमेश्वर केवल एक परिपूर्ण, पाप रहित बलिदान को स्वीकार कर सकता था, और क्योंकि वह जानता था कि हम संभवतः ऐसा नहीं कर सकते, इसलिए उसने अपने पुत्र को हमारे लिए मरने और अनन्त मूल्य चुकाने के लिए भेजा। "क्योंकि *परमेश्वर ने जगत से ऐसा प्रेम रखा कि उसने अपना*

एकलौता पुत्र दे दिया, ताकि जो कोई उस पर विश्वास करे, वह नाश न हो, परन्तु अनन्त जीवन पाए।" (यूहन्ना 3:16)।

उद्धार की प्रार्थना – इसे अभी कहो और इसका पालन करो!

क्या आप अब तक पढ़ी गई हर बात से सहमत हैं? अगर आप सहमत हैं, तो यीशु मसीह में अपना नया जीवन शुरू करने के लिए एक पल भी इंतज़ार न करें। याद रखें, यह प्रार्थना कोई जादुई नुस्खा नहीं है। आप बस अपने दिल की बात भगवान से कह रहे हैं। हमारे साथ यह प्रार्थना करें:

"पिता, मैं जानता हूँ कि मैंने आपके नियमों को तोड़ा है और मेरे पापों ने मुझे आपसे अलग कर दिया है। मैं सच में माफी चाहता हूँ, और अब मैं अपने पिछले पापपूर्ण जीवन से दूर होकर आपकी ओर मुड़ना चाहता हूँ। कृपया मुझे माफ़ करें, और मुझे फिर से पाप करने से बचने में मदद करें। मेरा मानना है कि आपका बेटा, यीशु मसीह मेरे पापों के लिए मर गया, मृतकों में से पुनर्जीवित हुआ, जीवित है, और मेरी प्रार्थना सुनता है। मैं यीशु को अपने जीवन का प्रभु बनने, आज से मेरे दिल में शासन करने और राज करने के लिए आमंत्रित करता हूँ। कृपया मुझे आपकी आज्ञा मानने और अपने बाकी जीवन में आपकी इच्छा पूरी करने में मदद करने के लिए अपनी पवित्र

आत्मा भेजें। यीशु के नाम में मैं प्रार्थना करता हूँ, आमीन।"

मुक्ति की प्रार्थना - मैंने प्रार्थना कर ली; अब क्या?

यदि आपने उद्धार की यह प्रार्थना सच्चे विश्वास और हृदय से की है, तो अब आप यीशु के अनुयायी हैं। यह एक तथ्य है, चाहे आप कुछ अलग महसूस करें या न करें। धार्मिक प्रणालियों ने आपको यह विश्वास दिलाया होगा कि आपको कुछ महसूस करना चाहिए - एक गर्म चमक, एक झुनझुनी, या कोई अन्य रहस्यमय अनुभव। तथ्य यह है कि, आप ऐसा कर सकते हैं या नहीं भी कर सकते हैं। यदि आपने उद्धार की प्रार्थना की है और इसे गंभीरता से लिया है, तो अब आप यीशु के अनुयायी हैं। बाइबल हमें बताती है कि आपका शाश्वत उद्धार सुरक्षित है! " *कि यदि तू अपने मुँह से यीशु को प्रभु जानकर अंगीकार करे, और अपने हृदय से विश्वास करे, कि परमेश्वर ने उसे मरे हुओं में से जिलाया है, तो तू निश्चय उद्धार पाएगा*" (रोमियों 10:9)।

परमेश्वर के परिवार में आपका स्वागत है! हम आपको प्रोत्साहित करते हैं कि आप अभी एक स्थानीय चर्च खोजें जहाँ आप बपतिस्मा ले सकें और परमेश्वर के वचन, बाइबल के माध्यम से उसके ज्ञान में बढ़ सकें।

आप हमारी साइट www.otakada.org पर भी जा सकते हैं जो आपको मसीह में विकसित होने और बढ़ने में मदद करेगी

यीशु को स्वयं खोजने के लिए डिस्कवरी बाइबल अध्ययन में इस लिंक का उपयोग करें
https://www.otakada.org/dbs-dmm/

40-दिवसीय शिष्यत्व यात्रा

https://www.otakada.org/get-free-40-days-online-discipleship-course-in-a-journey-with-jesus/ के माध्यम से अपनी गति से 40-दिवसीय यात्रा ऑनलाइन शुरू कर सकते हैं।

यदि आपको मार्गदर्शन की आवश्यकता हो तो info@otakada.org पर ईमेल भेजें

प्रभु आपके जीवन को विस्तृत करें और आपको आनंद, शांति, प्रेम और सद्भाव से भर दें जो केवल वही दे सकता है, आमीन

आपके लिए प्रश्न!

यदि आपके पास कोई अनुवर्ती प्रश्न हों, तो बेझिझक मुझे लिखें, फोन करें या मुझसे बातचीत करें , क्योंकि हमें विश्वास है कि परमेश्वर की आत्मा आपको आपकी कल्पना से भी परे उत्तर देगी।

अमांडा डैनियल

https://web.facebook.com/groups/amandadaniel

www.ingramcontent.com/pod-product-compliance
Lightning Source LLC
LaVergne TN
LVHW051103051026
849532LV00004BB/1421
9798330361625